Theiss Archäologieführer Baden-Württemberg

Adelheid Hanke

Theiss Archäologieführer Baden-Württemberg

THEISS

Die Deutsche Bibliothek - CIP-Einheitsaufnahme

Ein Titeldatensatz für diese Publikation ist bei Der Deutschen Bibliothek erhältlich.

Umschlaggestaltung: Magdalene Krumbeck, Wuppertal, unter Verwendung einer Aufnahme von Jürgen Wackenhut, Bad Herrenalb (Rekonstruierter Limesturm bei Lorch)

Lektorat: Karen Schmitt, Stuttgart
Satz und Gestaltung: Cornelia Fritsch, Filderstadt
Druck und Bindung: Offizin Andersen Nexö, Zwenkau
ISBN 3-8062-1363-1

Inhaltsverzeichnis

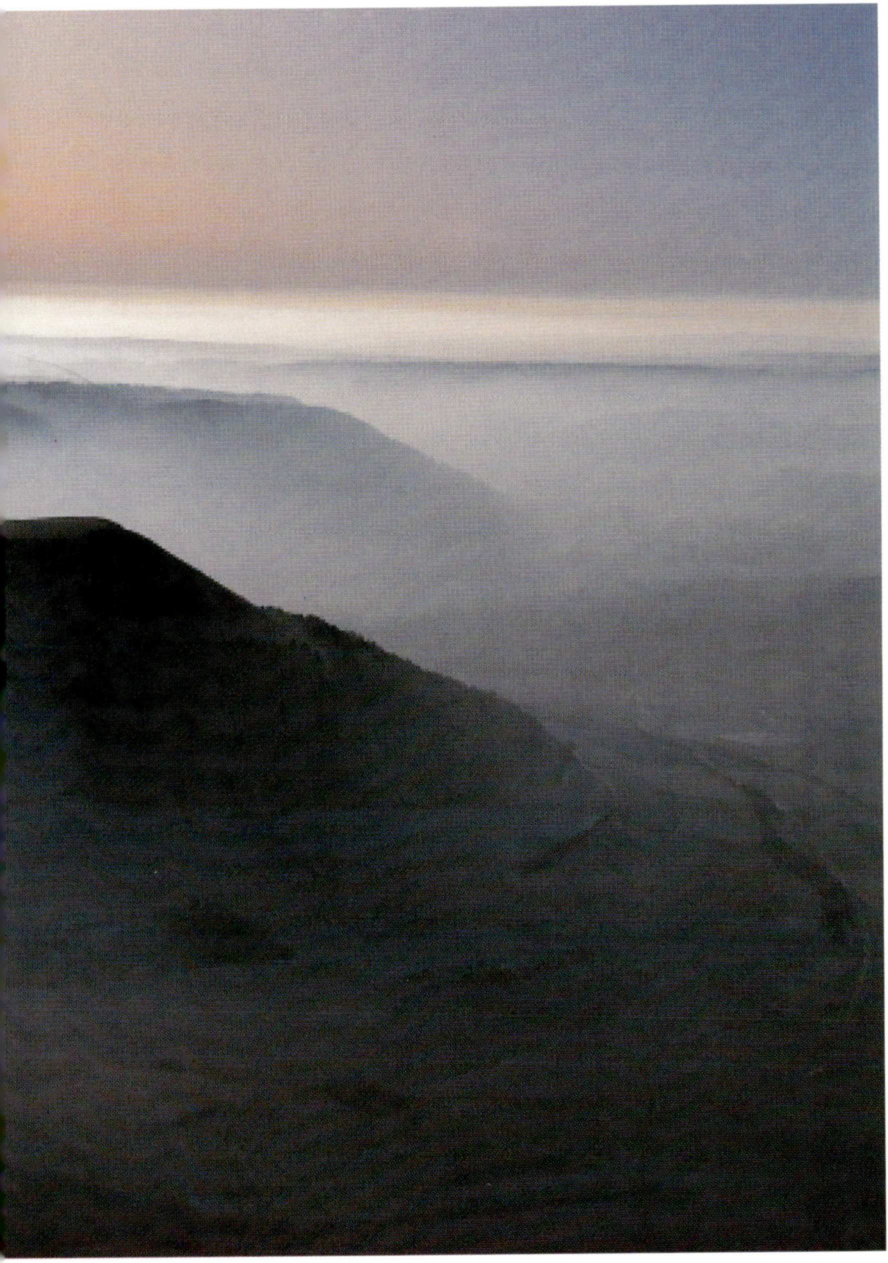

Einführung

Was der Boden bewahrte

Von Aalen bis Wutöschingen, von Badenweiler bis Villingen-Schwenningen begleitet der neue Archäologieführer zu ausgewählten archäologischen Geländedenkmalen Baden-Württembergs.
Das Interesse an dem, was der Boden aus schriftloser Zeit bewahrte, ist immer noch ungebrochen. Die Arbeit und die Ergebnisse landesarchäologischer Forschung, verbunden mit der Einbindung naturwissenschaftlicher Arbeitsweisen, wie etwa der ^{14}C-Methode, geophysikalischer Fundstellenprospektion, biologischer Analysen und der Dendrochronologie geben Aufschluss über Lebensweise und Umwelt unserer Vorfahren, von deren materiellem Erbe wir auf Wirtschaftsbeziehungen, kulturelles und soziales Verhalten, Siedlungsgewohnheiten, Bestattungsbräuche und kultische Handlungen schließen können. Mit der Bergung und Rettung der durch Bodeneingriffe gefährdeten archäologischen Substanz erfüllt die Denkmalpflege gleichzeitig die Forderung nach allgemeiner Information und der Vermittlung von Kenntnissen auch an den Nichtfachmann. Durch Publikationen, Fachmuseen und nicht zuletzt durch Restaurierung, Konservierung und Rekonstruktion wertvoller Bodendenkmale an Ort und Stelle macht sie die Resultate ihrer Tätigkeit jedem zugänglich. Eine große Anzahl bedeutender Fundstätten ist auf diese Weise bereits der Öffentlichkeit übergeben worden, jährlich kommen neue Vorhaben dazu.

Reservate für zukünftige Generationen

Die Archäologie befasst sich seit jeher mit Kulturerzeugnissen vom Beginn der Menschheitsgeschichte bis in die Zeit des Mittelalters, einer Zeit, die nicht oder erst allmählich durch schriftliche Überlieferung erschlossen wurde. Jahrzehntelang war die Ausgrabung das einzige Verfahren zur Bergung und Rettung der mannigfaltigen Hinterlassenschaften. Das Ziel der modernen Denkmalpflege dagegen ist es, Schutzzonen zu schaffen, Reservate, um die Fundstätten späteren Generationen zu bewahren und Ausgrabungen zu vermeiden. Diese gelten heute als das letzte Mittel zur Rettung archäologischer Substanz, denn trotz sorgfältigster Dokumentation aller Funde und Befunde beseitigen auch sie das Denkmal im Boden. Dabei ist zu bemerken, dass eine Ausgrabung natürlich in vielen Fällen dennoch unabdingbar bleibt. Tiefbaumaßnahmen, Straßen- und Kanalisationsarbeiten, landwirtschaftliche Eingriffe und nicht zuletzt die immer mehr um sich greifende Seuche der Schatzsuche mit Metallsuchgeräten führen zu einem rapiden Schwund des Denkmalbestandes, der, undokumentiert, für immer verloren

wäre. So sind die geretteten und konservierten Objekte zwar nur ein Ausschnitt aus der Fülle archäologischer Quellen, zeigen aber beispielhaft, wie reich die Fundlandschaft Baden-Württemberg auch heute noch ist. Denkmale aus allen vor- und frühgeschichtlichen Epochen, von der Altsteinzeit bis zum frühen Mittelalter machen den Leser bekannt mit der Archäologie einer Landschaft, die der Mensch seit Beginn seiner Siedeltätigkeit in einzigartiger Weise geprägt hat.

Jäger und Sammler der Altsteinzeit

Die ersten Spuren menschlicher Existenz sind 300 000 Jahre alt. Als Wildbeuter durchstreifte der Urmensch die Jagdgebiete des Neckarlandes und der Schwäbischen Alb, erlegte mit immer differenzierteren Steinwerkzeugen Waldelefant und später Mammut, Bär und Ren und lernte den Gebrauch des Feuers. Vor allem in den Kalksteinhöhlen der Schwäbischen Alb als seinen temporären Rastplätzen blieben die Zeugnisse seines Wirkens erhalten. Feuerstellen, Schlagplätze zur Herstellung von Steinwerkzeugen, ja sogar Hinweise auf „Inneneinrichtungen" in den Höhlen, vor allem aber die einmaligen Kleinkunstwerke aus Mammutelfenbein und jüngst entdeckte Reste von Wandmalereien belegen nicht nur die physische Auseinandersetzung der Eiszeitjäger mit ihrer Umwelt. Durch geologische und stratigrafische Beobachtungen, durch chronologische und typologische

Analysen der Befunde und Funde sowie durch die Untersuchung der Tier- und Pflanzenreste haben wir heute ein fast lückenloses Bild der Siedlungsgeschichte und Lebensgewohnheiten in der Eis- und Nacheiszeit. Wir wissen, welche Jagdwerkzeuge benutzt, welche Tiere erlegt, welche Früchte und Pflanzen gesammelt und zu welchen Jahreszeiten Höhlen und Freilandrastpätze belegt wurden.

Das Mammut stirbt aus

Die zunehmende Erwärmung um 10 000 v. Chr. leitet das Ende der Eiszeit ein und bedingt gleichzeitig eine deutliche Veränderung in der Tier- und Pflanzenwelt. Ren und Wildpferd brauchen andere Lebensbedingungen, sie ziehen nach Norden, das Mammut stirbt aus. Im Mesolithikum, der Mittelsteinzeit, wird nicht mehr die Herde, sondern das einzelne Tier bejagt, die Steinwerkzeuge schrumpfen auf kleinste Klingen und Dreiecke, so genannte Mikrolithen, die in Holz oder Geweihstücke geschäftet werden, Hauptwaffe sind Pfeil und Bogen. Die Jäger und Sammler bevorzugen jetzt mehr und mehr das freie Gelände zur Errichtung ihrer Lagerplätze. Erstmals werden Fluss- und Seeufer aufgesucht - im Umland des Federsees sind mehrere Rastplätze der Mittelsteinzeit nachgewiesen, denn seine Umgebung bot günstige Bedingungen für das Sammeln von Pflanzen, für Jagd und Fischfang.

Eine Revolution in der Jungsteinzeit

Im „Fruchtbaren Halbmond", dem Gebiet zwischen Euphrat und Tigris, werden vor etwa 10 000 Jahren erstmals Ackerbau und Viehzucht betrieben, deren Kenntnis über den Donauraum um 6 000 v. Chr. nach Mitteleuropa gelangt.
Den Wechsel von der aneignenden zur produzierenden Wirtschaftsform, eine Zeit der einschneidenden Umwälzungen, die mit einer wachsenden Beherrschung von Technik und Natur einhergeht, bezeichnet man auch als Neolithische Revolution. Im Verlauf des 6. Jahrtausends v. Chr. entstehen mit der Sesshaftwerdung während der Jungsteinzeit die ersten Dörfer. Während die Strukturen neolithischer Siedlungsplätze auf den auch heute noch landwirtschaftlich genutzten fruchtbaren Lössflächen des Landes in den meisten Fällen nur noch als Bodenverfärbungen und oberflächlich durch Keramik und Steinartefakte nachzuweisen sind, haben sich in den

Mooren Oberschwabens und an den Ufern des Bodensees ganze Dörfer in den Feuchtböden bzw. im Wasser hervorragend erhalten. Ihre detailgenaue Erforschung erlaubte die Rekonstruktion mehrerer neolithischer und bronzezeitlicher Häuser im Freilichtmuseum neben dem Federseemuseum in Bad Buchau und im Pfahlbaumuseum Unteruhldingen. Vereinzelt erscheinen Großsteingräber, aus riesigen Steinplatten errichtet, wie beispielsweise in Schwörstadt und Wutöschingen.

Goldenes Zeitalter

Schon gegen Ende der Jungsteinzeit wurde gelegentlich Kupfer zur Herstellung von Waffen und Schmuck verwendet. Dieses Kupfer wird ab dem 3. Jahrtausend v. Chr. mit Zinn zu Bronze legiert, das so gewonnene Metall gibt einer ganzen Epoche den Namen - der Bronzezeit.

Vielen gelten diese mehr als anderthalbtausend Jahre als ein goldenes Zeitalter. Die Gesellschaft verändert sich. Der Zugang zu den Rohstoffen und deren Verhandlung führte zur Ausprägung verschiedener Berufe, der Reichtum, aber auch das Schutzbedürfnis wächst. In der Bronzezeit werden die Höhen des Landes aufgesucht und mit Wällen gesichert, die Dörfer mit Palisaden umwehrt, wie z. B. in der so genannten Wasserburg Buchau am Federsee.

Keltische Fürsten

Mit Beginn der eisenzeitlichen Hallstattkultur im 8. vorchristlichen Jahrhundert werden ihre Träger in den Schriftquellen griechischer Autoren erstmals historisch fassbar. Es sind die frühen Kelten, deren gesellschaftliche Entwicklung eine differenzierte Sozialstruktur mit einer übergeordneten Herrschaftsschicht erkennbar werden lässt. Diese „Fürstenfamilien" siedelten vorzugsweise auf topografisch günstig gelegenen Anhöhen. Einer der berühmtesten solcher Fürstensitze, die Heuneburg an der Oberen Donau, wird Mittel- und Anziehungspunkt des gleichnamigen, großen Archäologischen Parks, der sowohl die in Teilen rekonstruierte Burg als auch ihr Umland umfasst.

Sichtbarer Bestandteil der Landschaft waren und sind die in der Hallstattzeit über Körper- oder Brandbestattungen aufgeschütteten Grabhügel, von denen es in Baden-Württemberg mehrere tausend gibt. Einige der besterhaltenen oder wieder er-

richteten Hügelgruppen werden ebenso vorgestellt, wie die aus keltischer Zeit stammenden *oppida*. Diese großen, stadtähnlichen Anlagen besitzen mächtige Wälle und Gräben, die durch mehrere Tore unterbrochen sind. Konservierte Befunde, Rekonstruktionen und Rundwanderwege machen dem Besucher diese großartigen Befestigungen in anschaulicher Weise erfahrbar.

Südwestdeutschland wird römisch

Zweifellos liegt der Schwerpunkt denkmalpflegerischer Rettungsmaßnahmen durch Erhaltung und Konservierung bei den Bauten aus römischer Zeit. Im Verlauf des so genannten Alpenfeldzugs unter Drusus und Tiberius erobern die Römer im 1. Jahrhundert v. Chr. das heutige südwestdeutsche Gebiet. Ausgehend vom Rhein und von der Donau errichten sie zahlreiche Kastelle und sichern die neu gewonnenen Provinzen Obergermanien und Rätien mit einem über 500 km langen Grenzwall, dem Limes. Die Entwicklung und Verbreitung römischer Zivilisation in den Provinzen schreitet zügig voran: In der Umgebung der Militärlager entstehen zivile Niederlassungen mit lebhafter Handelstätigkeit. Teilweise aufwändig ausgestattete Gutshöfe versorgten zudem Soldaten und Bevölkerung mit den Erzeugnissen landwirtschaftlicher Produktion.

Die Tradition der Restaurierung römischer Denkmale reicht bis ins 18. Jahrhundert zurück, als in Badenweiler die großen Thermen, die noch heute zu den eindrucksvollsten Anlagen dieser Art zählen, ausgegraben und teilweise konserviert wurden. Das „römische" Spektrum des Buches enthält sowohl die Beschreibung eines der am besten erhaltenen und sichtbaren Abschnitte des Obergermanisch-Rätischen Limes, als auch wieder aufgebaute bzw. ergänzte Kastelle und Wachtürme, Gutshöfe und Zivileinrichtungen, Badeanlagen, Heiligtümer und Herbergen.
Römische Verwaltungsstrukturen, die Aufsiedlung und Erschließung des Landes und die militärische Organisation, die auch die einheimische Bevölkerung miteinbezog, waren zwei Jahrhunderte lang prägend im südwestdeutschen Raum. Das geistige Erbe dieses gewaltigen Imperiums aber hat bis in heutige Zeiten Bestand. Schon die Mönche der großen mittelalterlichen Klöster wussten um die Bedeutung der römischen Literatur für das Verständnis der eigenen Vergangenheit; Kunst und Architektur, Rechtsprechung und Naturwissenschaften haben in vielen Bereichen römische Wurzeln.

Der Limes fällt

Macht und Einfluss der Römer in unserem Raum konnten sich noch bis zum 3. nachchristlichen Jahrhundert behaupten. In den Jahren 259/60 gelingt den Alamannen der Durchbruch durch den Limes, der zum endgültigen Zusammenbrechen römischer Herrschaft im Südwesten führt. Die zahlreichen ländlichen Siedlungen der Alamannen, aus Einzelhöfen oder ganzen Gehöftgruppen gebildete Weiler, wurden in weiten Landesteilen zu den Keimzellen vieler heutiger Gemeinden. Mit der Herausbildung einer reichen adeligen Oberschicht werden vom ländlichen Siedlungsbereich getrennte Niederlassungen auf exponierten Höhenlagen gegründet. Sie waren nicht nur Sitz einer Adelsfamilie, sondern gleichzeitig politische Herrschaftszentren. Auf diesen Höhenburgen konzentrierten sich ebenfalls hochspezialisierte Handwerksbetriebe, die qualitätvolle Produk-

te für das Umland herstellten. Noch heute ist das mehrfach befestigte Plateau des Runden Bergs bei Bad Urach beeindruckendes Zeugnis für diese frühmittelalterliche Siedlungsstruktur.

Lebendige Landesarchäologie

Die Auswahl der vorgestellten archäologischen Denkmale kann in diesem Rahmen keinen Anspruch auf Vollständigkeit erheben. Mehr Objekte aus der Fülle dieses an vor- und frühgeschichtlichen Zeugnissen so reichen Landes hätten ein erläuterndes Eingehen auf die jeweilige Situation vor Ort, wie es hier angestrebt wurde, verhindert. Es gibt jedoch zahlreiche Publikationen, die denjenigen Leser, der sich intensiver mit der Archäologie unseres Landes befassen möchte, mit weitergehenden Details und allen bekannten archäologischen Denkmälern vertraut machen. Neben den verständlich geschriebenen Erläuterungen zu den archäologischen Denkmalen aus allen Epochen enthält dieser Band Beschreibungen von Wander- und Lehrpfaden sowie Angaben zu archäologischen Museen und Freilichtanlagen, die vielfach Aktionen und Vorführungen anbieten. Der Leser und Besucher erhält so die Möglichkeit, die archäologische Fundstätte nicht nur als isoliertes Denkmal zu erfahren, sondern auch, sich die durch das materielle Erbe auf uns gekommene Lebenswelt des vor- und frühgeschichtlichen Menschen in sinnlich fassbarer Weise zu erschließen.

Archäologische Denkmäler in Baden-Württemberg

Aalen, AA

Anfahrt: Über die A 7 Ulm–Würzburg, Abfahrt Aalen-Unterkochen bzw. Aalen-Westhausen bis Aalen. In der Stadt den Wegweisern „Limesmuseum" folgen (gut ausgeschildert).

Römisches Kastell, Freilichtanlage

Elitetruppe in Rätien

Das Kastell liegt etwa 4 km vom nördlich verlaufenden römischen Grenzwall entfernt auf einem Hang im Westen der Stadt. Wer heute das Limesmuseum besucht, geht über historischen Boden: Das kürzlich im Inneren neu gestaltete Gebäude steht auf dem Gelände des größten Auxiliarkastells am äußeren rätischen Limes. Der Name der Stadt Aalen geht zurück auf die *Ala II Flavia milliaria,* die hier stationiert war. Diese in flavischer Zeit gebildete 1000 Mann starke Reitereinheit gehörte ursprünglich zur Rheinarmee, gelangte um 89 n. Chr. nach Heidenheim, bevor sie um die Mitte des 2. Jahrhunderts n. Chr. nach Aalen, näher an den Limes vorverlegt wurde. Damit wurde sie sozusagen zur Elitetruppe in Rätien. Der römische Kaiser selbst ernannte den Präfekten in Aalen zum Abschnittskommandanten am rätischen Limes, unterstellte ihm weitere, untergeordnete Besatzungen be-

Weit geht der Blick über die Stabsgebäude nach Süden.

nachbarter Kastelle und verlieh ihm gleichzeitig die Würde des ranghöchsten Offiziers der Provinz.

Museum auf der Straße

Von dem großen Alenkastell blieb zunächst nur der Mittelteil, die sog. *latera praetorii,* unbebaut. Hier steht heute, direkt auf der Lagerhauptstraße, der *via principalis,* das Limesmuseum, an das sich der Freilichtbezirk mit den konservierten Resten der prächtigen Stabsgebäude anschließt. Vor dem Eingang des Museums fallen zuerst mächtige Mauerreste auf: Es sind die Fundamente des linken Lagertores, der *porta principalis sinistra.* Ein kompakter Mittelpfeiler mit vorgesetztem Fundament trennt die beiden Tordurchfahrten, die rechts und links von zwei großen Türmen begrenzt sind. Der westliche, rechte Torturm mit knapp 5 m Breite ist noch zwei bis vier Mauerlagen hoch erhalten. Eine Tür an der Rückseite führte zu einem angrenzenden Innenraum. Der östliche, linke Turm zeigt noch die Rückwand mit einer etwas breiteren Tür. Schon an diesen Resten wird deutlich, wie imposant die römische „Festung" damals gewesen ist, und auch heute vermitteln die schweren, dunklen Mauern noch einen nachhaltigen Eindruck von ihrer einstigen Mächtigkeit. Zwischen dieser Toranlage beginnt die 7 m breite Lagerhauptstraße, die schnurgerade durch die Vorhalle der *principia* zum rechten Lagertor, der *porta principalis dextra* führt. Die *via principalis* hatte bis zu ihrem Ende einen Höhenunterschied von 4 m zu überwinden und wurde deshalb in den Boden eingetieft. Der weiche und bei nassem Wetter rutschige Untergrund (Opalinuston) erforderte darüber hinaus eine besondere Substruktion der Straße, die bisher nur im Kastell Aalen nachgewiesen ist: Über einen Holzrost aus quer verlegten Brettern mit seitlichen Längshölzern wurden mehrere Lagen Kies aufgeschüttet.

Vor den Alamannen versteckt, von den Archäologen geborgen. Genius mit Bronzeschale aus einem Brunnen in Rainau-Buch.

Jedes römische Kastell wurde zwar seiner Funktion und seiner Lage im Gelände entsprechend angelegt, folgte aber in seinen Baustrukturen stets dem gleichen Grundschema mit Versorgungseinrichtungen, Ställen, Mannschaftsbaracken und Wohnhäusern. Herzstück eines Lagers, und in Aalen sogar Prachtstück, waren die Stabsgebäude – die *principia* – mit Kult- und Verwaltungsräumen. Die *principia* in Aalen wurden in den Jahren 1978–1986 durch das Landesdenkmalamt untersucht und die Befunde anschließend konserviert.

Wie in Rom – ein Kapitol für Aalen

In einer ersten Bauphase war die *via principalis* vor den Stabsgebäuden von einem leichten Holzbau überdacht, dem wenig später eine große, ebenfalls hölzerne Halle folgte, deren Dach auf mächtigen vierkantigen Eichenpfosten ruhte. Diese Situation ist heute ebenfalls mit Eichenhölzern im Gelände markiert. Im frühen 3. Jahrhundert lässt man die Halle in Stein ausbauen und auf eine Breite von 21 m und eine Länge von über 60 m erweitern. Damit wird sie zur größten steinernen *principia*-Vorhalle eines Auxiliarkastells in den germanischen Provinzen. Heute steht in der südlichen Ecke der originalgetreue Nachbau eines riesigen römischen Baukrans, der deutlich macht, welche technischen Voraussetzungen zur Errichtung eines solch monumentalen und auch öffentlichkeitswirksamen Komplexes erforderlich waren.

Durch diese ausgesprochen repräsentativ gestaltete Vorhalle gelangte man in einen von drei Raumfluchten begrenzten Innenhof. Hier stand ein holzverschalter Brunnen, dessen Bau in die Zeit um 180 n. Chr. datiert werden konnte. Schräg gegenüber war ein großes Wasserbecken eingetieft worden, dessen angefügte Apsis vermutlich die Statue einer Quellnymphe barg.

An der Westseite der *principia* lagen die wichtigsten und erfreulicherweise auch besterhaltenen Räume der Anlage, die durch eine breite Querhalle vom Innenhof getrennt sind. Neun z. T. untergliederte und heizbare Räume flankieren den eigentlichen Mittelpunkt des Lagers: Das Fahnenheiligtum *(sacellum)*

Die bronzene Statue des Kaisers Traian steht auch heute wieder vor dem Fahnenheiligtum.

mit einer raumbreiten Apsis, die von mächtigen, außen angebrachten Stützpfeilern gegen ein Abrutschen gesichert war. Im Fahnenheiligtum zelebrierte man die Kulte zur Verehrung der Staatsgötter und des Kaisers, dessen Standbild hier aufgestellt war (eine Nachbildung findet sich eben an dieser Stelle), hier wurden die Feldzeichen der Einheit aufbewahrt und im darunter liegenden Keller, nur über eine Leiter erreichbar, war die Truppenkasse wohlverwahrt. Die beidseitig an das *sacellum* angrenzenden Räume dienten als Schreibstuben und Versammlungsorte.

Fast 230 Bruchstücke steinerner Inschriften sprechen für die außergewöhnliche Bedeutung des Alenkastells. Auf einem dieser unschätzbaren Zeugnisse taucht sogar der Name *„Capitolium"* für das Fahnenheiligtum auf, eine geradezu sensationelle Bezeichnung, die den hohen Stellenwert des Standortes Aalen über die Provinz Rätien hinaus kennzeichnet.

Schauplatz fürs römische Schauspiel

Die ergrabenen Befunde der *principia* und der weiteren Kastell-Innenbebauung wurden ganz bewusst nicht rekonstruiert, sondern lediglich konserviert. Von frei zu wählenden erhöhten Standorten im Gelände offenbart sich dem Besucher nicht nur die gewaltige Größe des Denkmals, sondern auch seine besondere topografische Situation. Das weite Areal ist darüber hinaus idealer Schauplatz der regelmäßig stattfindenden „Aalener Römertage". In allen ‚geraden' Jahren freuen sich Groß und Klein an den Vorführungen der Reiter der *Ala II Flavia,* am Einsatz des Baukrans und an den vielfältigen Aktionen aus dem Bereich der Experimentellen Archäologie.

Limesmuseum Aalen

St. Johann-Str. 5, 73430 Aalen
Tel: 07361/961819; Fax. 961839
E-Mail: Limesmuseum.Aalen@t-online.de;
http://www.aalen.de

Öffnungszeiten:
Di–So und Fei. 10–12 Uhr und 13–17 Uhr

Geschichte als Erlebnis

Das Limesmuseum entstand 1964 als Zweigmuseum des Württembergischen Landesmuseums, wurde einige Jahre später großzügig erweitert und 1999 in vielen Bereichen neu gestaltet. Hier wird die Geschichte des Limes, das Leben der Soldaten und der Zivilbevölkerung sinnfällig fassbar gemacht. Hier wird gezeigt, wie sehr das Schicksal der

Wenn alle mit anpacken, lässt sich etwas bewegen.

römischen Provinzen in die Geschichte des Römischen Weltreiches eingebunden war. Auf vielgestaltige Weise wird der Besucher mit den einzelnen Themenbereichen vertraut gemacht. Die Ergebnisse archäologischer Forschungen zum Limes und seinem Umland konkretisieren sich im Spektrum der ausgestellten z. T. einmaligen Exponate, in Texten und Karten, in Modellen, Computer-Animationen, Videos und Hörspielen, aber auch in den zauberhaften Dioramen, die mühelos in das Alltagsleben der römischen Provinz versetzen. Darüber hinaus werden breit gefächerte museumspädagogische Programme für Gruppen, Schüler und Familien angeboten.
Das Limesmuseum ist, zusammen mit seinem Freilichtbereich, dem in nächster Zukunft ein römisches Lapidarium angegliedert werden soll, eine lebendige, agile Institution, die, basierend auf wissenschaftlichen Resultaten, Geschichte zum Erlebnis werden lässt.

WANDERWEG Alfdorf-Pfahlbronn, WN

Limeswanderweg Pfahlbronn–Lorch

Anfahrt: Über die B 29 Stuttgart–Aalen bis Ausfahrt Schorndorf-Ost/Haubersbronn.
In Haubersbronn auf die L 1150 über Steinbruck, Breitenfürst und Haghof nach Pfahlbronn.
Im Ortszentrum in Linkskurve nach Süden zum Ortsteil Brech abbiegen, durch den Ort hindurch bis zum Waldrand.
Hier Wanderparkplatz mit der ersten Hinweistafel.

Grenzwanderung

Pfahlbronn – schon der Name ist Programm. Im Volksmund hatte der römische Limes viele Bezeichnungen: Ausdrücke wie Teufelsmauer, Pfahldöbel, Pfahlgraben oder einfach nur Pfahl charakterisieren die sichtbaren Überreste des Limes, der den Menschen als nicht natürliche, als künstliche Geländeform auffallen musste.
Einer der besterhaltenen Abschnitte des obergermanischen Limes ist auf diesem Wanderweg zu verfolgen. Sieben Stationen mit ausführlichen Orientierungstafeln erläutern das im Gelände Gesehene und informieren über die Entwicklung dieses faszinierenden Geschichtszeugnisses aus römischer Zeit.

Station 1:
Die erste Hinweistafel fasst in einem Überblick die Geschichte der Grenzbefestigung in Obergermanien und Rätien zusammen und gibt den Verlauf der Wanderstrecke mit den weiteren Stationen an. Der aufmerksame Beobachter kann nahe beim Parkplatz, etwa 50 m vom nördlichen Waldrand entfernt, die Schuttreste des Wachturms WP 12/7 erkennen. Hier ist der Graben

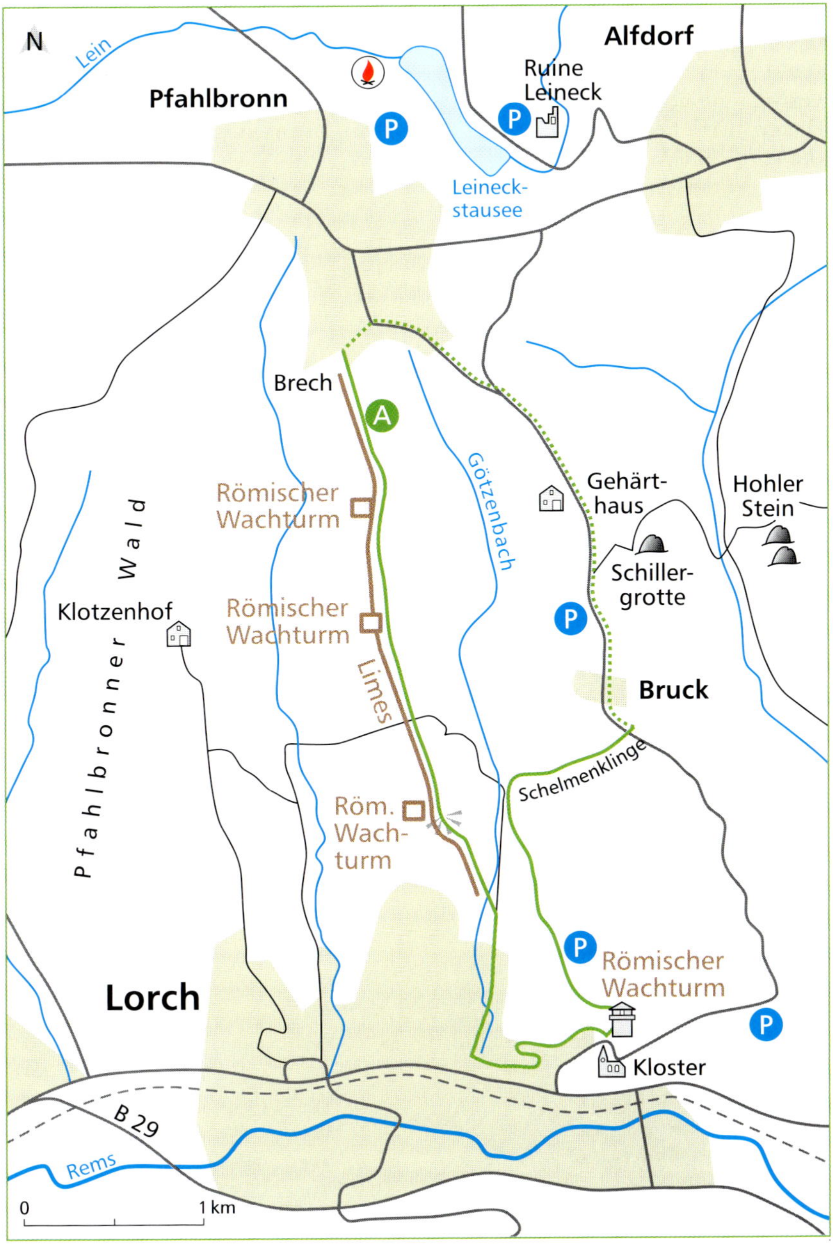
N
Lein
Pfahlbronn
Alfdorf
Ruine
Leineck
P
Leineck-
stausee
Brech
A
Römischer
Wachturm
Götzenbach
Gehärt-
haus
Hohler
Stein
Schiller-
grotte
Pfahlbronner Wald
Klotzenhof
Römischer
Wachturm
Limes
Bruck
Schelmenklinge
Röm.
Wach-
turm
Römischer
Wachturm
Lorch
Kloster
B 29
Rems
0
1 km

lediglich als flache Markierung im Gelände auszumachen, wogegen seine Fortsetzung im Wald sehr viel deutlicher wahrzunehmen ist.
500 m weiter steht im Wald „Kreuzbühl“ der Wachposten WP 12/8.

Station 2:
Der 5 m×5 m große Limesturm war bereits 1892 untersucht worden. Achtzig Jahre später wurden durch das Landesdenkmalamt Baden-Württemberg erneut Grabungen durchgeführt und die Ruine anschließend durch das Staatliche Forstamt Lorch restauriert. Die Ergebnisse der Ausgrabungen haben gezeigt, dass der aus Sandsteinen aufgemauerte Turm weiß verputzt und mit rotem Fugenstrich bemalt war. Bis zur nächsten Station, an der das Phänomen erklärt wird, fallen zwei parallel geführte, 10 cm tiefe Rinnen im Stubensandstein des Weges auf, die mit dem Streckenverlauf des Limes genau übereinstimmen.

Gleise für Reisewagen, Fortuna für das Glück

Station 3:
Die beiden Rinnen sind bewusst eingetiefte Führungen einer so genannten Geleisestraße, die es den Reisewagen erlaubte, diese Strecke ohne Schlingern der Räder zu bewältigen. Ob diese „Gleise“ allerdings aus römischer Zeit stammen, ist nicht sicher. Die nur 1,1 m breite Spur wäre für römische Wagen, die eine Achsbreite von 1,3 m bis 1,4 m besaßen, zu schmal gewesen. Die Rinnen sind vielleicht erst im Mittelalter entstanden. Unbedingt sollte aber jetzt der Blick in die Ferne schweifen, denn ab hier öffnet sich eine herrliche Aussicht auf die südlich gelegene Schwäbische Alb. Nach weiteren 500 m, es geht nun etwas steiler den Berg hinauf, gelangt man zum so genannten „Bemberlesstein“.

Station 4:
Es ist der nächste Wachposten, der Limesturm WP 12/9. Der Turm, bereits 1877 freigelegt, war 4,4 m auf 4,4 m groß. Im Anschluss an eine nochmalige Untersuchung 1971, bei der man römische Keramik und das Fragment eines Reliefs mit der Darstellung der Fortuna bergen konnte, wurde die Ruine restauriert. Bis heute aber gibt der Fund eines Skeletts im Turm Rätsel auf; sein Alter konnte bisher nicht bestimmt werden. Der Weg führt nun 1,3 km weiter den Limeswall entlang, der auf dieser Teilstrecke besonders gut zu erkennen ist, und endet zunächst bei

Station 5:

Wachposten „Bella vista“

Der Wachposten WP 12/11 muss besonders eindrucksvoll gewesen sein. Über seinen bis zu 1,1 m breiten Fundamenten haben sich wahrscheinlich drei Stockwerke erhoben. Darüber hinaus gewährte dieser Standort auf dem höchsten Punkt des „Eberrainwasens“ sicher eine prächtige Fernsicht. Der mächtige Turm ist, wie die Grabungen am Ende des 19. Jahrhunderts nachgewiesen haben, einer Brandkatastrophe zum Opfer gefallen. Ab hier führt der Wanderweg zunächst ein Stück abwärts ins Götzenbachtal und steigt anschließend wieder an bis zur Station 6.

Station 6:

Von der Feldwache zum neuen Turm

An dieser Stelle, von der Reichslimeskommission als WP 12/13 geführt, hat allerdings kein Turm gestanden. Vielmehr ist hier eine kleine Feldwache zu vermuten, die 10,5 m × 10,5 m groß und mit Ziegeln gedeckt war. Die Reste dieses Gebäudes zeichnen sich heute nur noch als Schuttwälle ab. Der nächste Limesturm, WP12/14, in unmittelbarer Nähe des Klosters Lorch an der Schnittstelle der Grenze mit der Straße Pfahlbronn-Lorch, ist bis heute nicht entdeckt worden. Dabei ist dies ein markanter Punkt: Hier biegt der Limes scharf nach Osten ab, um das Remstal und die Straße nach Aalen und damit nach Rätien zu schützen. Und hier steht doch ein Turm –

Nicht ganz korrekt, aber schön – der Limesturm bei Lorch.

Station 7:

Die in Blockbauweise errichtete Rekonstruktion entspricht allerdings nicht der tatsächlichen Situation an diesem Limesabschnitt: Es gab hier keine Holztürme, ein ebenerdiger Eingang wäre viel zu gefährlich gewesen – dieser lag immer auf Höhe des ersten Stockwerks und war nur über eine bei Gefahr einzuholende Leiter erreichbar – und auch die Blockbauweise ist nirgends nachgewiesen. Dennoch ist es ein wunderbarer Aussichtsturm, und von oben lässt sich ohne weiteres nachvollziehen, wie die Wachsoldaten sowohl freie Einsicht in das Gebiet jenseits der Grenze hatten, als auch den Kontakt zu den nächstgelegenen Limestürmen halten konnten. Das Ende der Limeswanderstrecke sollte man unbedingt mit einem Besuch im daneben liegenden Kloster Lorch verbinden, das im Jahr 1102 als Grablege der Staufer gegründet wurde.
Der Rückweg kann über die gleiche Strecke genommen werden, oder aber vom Kloster aus über den „Staffelgehrn" bis zur „Schelmenklinge" südlich von Bruck und dann über das Sträßchen nach Bruck an Gehäuhaus vorbei zurück nach Brech.

Ausführlichere Erläuterungen zum Limes: s. unter Limes

Allensbach-Hegne, KN

Anfahrt: Von Konstanz über die B 33 Richtung Allensbach. In Hegne durch den Ort bis zum Nordende und zum Parkplatz am Waldrand. Von hier aus geht es weiter zu Fuß in nördliche Richtung über Waldwege zu den Hügelgräbern.

Grabhügelgruppe

Gräberweg zum Gipfel

Wie so oft hat auch in Hegne der Wald die sichtbaren Überreste vergangener Zeiten bewahrt. Im Nordbereich des „Wilhelmsbergs" liegen 20 z. T. mächtige Grabhügel der Hallstattzeit im Walddistrikt „Schwarzenberg". Bis auf zwei Ausnahmen hatte man jedoch für den großen Begräbnisplatz nicht die Kuppe des Berges gewählt, sondern die Monumente dem Rand dieser Kuppe folgend angelegt. Zunächst trifft man rechts des Weges auf die kleineren Hügel des Ensembles. Immerhin haben auch sie Durchmesser von 5–11 m und sind noch 0,3–2 m hoch erhalten. Wie um den besonderen Status der vermutlich vornehmen Bestatteten noch zu betonen, liegen die beiden größten Hügel von etwa 20 m Durchmesser und 2 bis 2,6 m Höhe auf der Nordspitze des Berges und deutlich von den anderen Gräbern entfernt. Offenbar sind sie schon einmal untersucht und dabei Scherben des 7.–5. Jahrhunderts v. Chr. geborgen worden. Die besten Jahreszeiten für eine Wanderung zu den Hügeln sind Frühling, Herbst und Winter, wenn der lichte Buchenwald immer wieder neue, faszinierende Ausblicke auf die beeindruckende Gruppe freigibt.

Dies ist keine natürliche Erhebung: einer der Großgrabhügel im Wald.

Allensbach-Kaltbrunn, KN

Anfahrt: Von Konstanz auf die B 33 Richtung Allensbach, dann rechts Richtung Kaltbrunn. Im Ort links Richtung Markelfingen bis zu den „Gemeinmerker Höfen". Am Waldrand Parkplatz, dann zu Fuß in nördliche Richtung etwa noch 500 m.
Mit der Buslinie 7370: vom Bhf. Konstanz oder vom Bhf. Allensbach bis zur Haltestelle „Allensbach-Kaltbrunn". Von hier aus noch knapp 3 km zu den „Gemeinmerker Höfen".

Grabhügel „Heidenbühl"

Grablege für Vornehme

Dass auch Herzöge Gefallen an der heimischen Antike fanden, ist kein Novum. So veranlasste Großherzog Friedrich von Baden 1864 eine Untersuchung des gewaltigen Grabmonuments im Gewann „Heidenbühl"(!). Rund um das Hügelzentrum waren kreisförmig 18 Körpergräber angelegt worden. Die z. T. prächtigen Funde sind den einzelnen Bestattungen allerdings nicht mehr zuweisbar. Auch über das Hauptgrab, das in der Hügelmitte gelegen haben dürfte, gibt es keine Unterlagen. Es fanden sich aber zahlreiche bunte, meisterhaft verzierte Gefäße der sog. Alb-Hegau-Keramik, ein mit stilisierten Tier- und Menschendarstellungen geschmücktes bronzenes Gürtelblech und ein prachtvoller Brustschmuck aus Koralle und Elfenbein. Die Funde gehören alle in das 6.–5. vorchristliche Jahrhundert, also in die jüngere Hallstattzeit. Der weithin sichtbare, noch knapp 4 m hohe Hügel mit einem Durchmesser von 35 m ist auch heute noch ein großartiges Geländedenkmal.

Das mächtige Grabmonument des „Heidenbühl".

Altheim-Heiligkreuztal, BC

Anfahrt: Vom Kloster Heiligkreuztal führt ein Sträßchen in südliche Richtung nach Beuren. Nach Beginn des Waldes, etwa 0,8 km nach der Ortsmitte zweigt links ein Weg ab, der nach wenigen Metern auf die Schanzen trifft.

Keltische Viereckschanzen

Alt- und Neubau

Das Geländedenkmal liegt zwischen zwei ehemaligen Bachläufen auf dem flachen, nach Norden ziehenden Ausläufer einer Anhöhe im Wald „Ruchholz“. Die gut sichtbaren spätkeltischen Viereckschanzen sind schon seit 1877 bekannt. Einer Vermessung in den Jahren 1893 und 1907 folgte eine archäologische Untersuchung im Jahr 1921. Die größere, nahezu quadratische Anlage war an eine ältere, kleine Schanze im Norden angebaut worden. Die große Schanze, deren Seitenlängen 101 m (im Norden, Osten und Süden) und 109 m (im Westen) betragen, ist ringsum von einem ursprünglich 4 m tiefen Graben umzogen; seine Sohle liegt heute 2,8 m unter der Wallkrone. Deutlich sind auch die überhöhten Ecken, vor allem die nordwestliche, zu erkennen. Der Zugang befindet sich an der Westseite. Die Grabungen von 1921 in der Anlage legten im Bereich des Eingangs, der den Wall unterbricht und zu dem eine Brücke über den Graben führte, die Reste einer hölzernen Konstruktion frei. Je sechs Holzpfosten auf jeder Seite der 2,5 m breiten und 8 m langen Torgasse, dazu verbrannter Lehmbewurf, lassen auf ein zweiteiliges Torgebäude schließen, das ehemals mit einem Giebel - oder Flachdach gedeckt war. Ob auch die dazwischen liegende Torgasse überdacht war, ist ungeklärt. Ein weiterer Befund scheint darauf hinzudeuten, dass die Wälle entweder eine hölzerne Palisade trugen, oder einen bzw. mehrere Ecktürme besaßen.
Die kleine Vorgängeranlage mit bis zu 63 m langen Seiten hatte vermutlich ebenfalls einen Eingang an der Westseite; dieser ist jedoch nicht so deutlich zu erkennen. Der umlaufende Wall wird an seiner Südseite durch den Graben der großen Viereckschanze überdeckt bzw. ist bei deren Einrichtung abgeräumt worden.

Bis zur Römerzeit genutzt

In beiden Schanzen kam spätlatènezeitliches Fundmaterial des 2. und 1. Jahrhunderts v. Chr. zum Vorschein: Scherben, darunter auch solche von importierten gallischen Weinamphoren, große Eisennägel, ein Bolzen, das Stück eines Beschlags und das eines Messers. Fragmente eines Leistenziegels im Bereich des Torbaus deuten auf die Nutzung der Anlage auch in römischer Zeit.
Eine weitere recht gut erhaltene Viereckschanze liegt ca. 1,5 km westlich von Heiligkreuztal im Wald „Ban“.

Asperg, LB

Anfahrt: Von Ludwigsburg weiter auf der B 27 Richtung Autobahn bis Ludwigsburg-Eglosheim, hier links Richtung Asperg. Im Ort Richtung Tamm, dann rechts Hinweisschild „Hohenasperg".

Hohenasperg

Die Festung über dem Fürstensitz

Weithin sichtbar überragt der Hohenasperg, ein Zeugenberg im Gipskeuper, die Lössflächen des „Langen Feldes". Im Mittelalter stand an der Ostseite des Berges eine Burg, im 15./16. Jahrhundert wurde die Stadt Asperg hinauf verlegt, darauf folgte der Bau der renaissancezeitlichen Landesfestung, in der zehn Jahre lang der Dichter Christian Friedrich Daniel Schubart schmachtete; heute dient sie als Vollzugskrankenhaus. Die dichte Bebauung in Mittelalter und Neuzeit bewirkte eine tief greifende Zerstörung archäologischer Substanz. Bis auf einige Scherben und anlässlich verschiedener Bohruntersuchungen vermutete Kulturschichten wurde kein weiteres prähistorisches Material vom Hohenasperg geborgen. Dennoch ist er zweifellos als Fürstensitz der späten Hallstattzeit anzusehen. Dafür sprechen nicht nur seine Lage, vergleichbar mit der Heuneburg an der

Noch heute eindrucksvoll: der ehemalige Fürstensitz Hohenasperg.

oberen Donau und dem Mont Lassois in Burgund, sondern vor allem die große Anzahl sehr reich ausgestatteter Gräber, die, alle mit Sichtverbindung zur Burg, sich im Süden und z. T. im Westen um den Hohenasperg konzentrieren. Dabei liegen die älteren Gräber weiter entfernt; die jüngeren sind im Nahbereich der Burg angelegt worden.

Italisch-griechische Beziehungen

Der fürstliche Höhensitz mit Wohn- und Wirtschaftsgebäuden dehnte sich über eine Fläche von etwa 6 ha aus und ist damit doppelt so groß wie der Siedlungsbereich der Heuneburg (s. S. 103). Welch intensiven Kontakt die Hallstattfürsten zum mediterranen Süden pflegten, belegen die hochwertigen Importgüter in den Großgrabhügeln. Schon am Beispiel des Hochdorfer Fürstengrabes (s. S. 65), das zu den älteren zählt, lässt sich eine solche Verbindung klar nachweisen.

Sitz einer mächtigen Dynastie

Im Falle des Fürstensitzes Hohenasperg ist, im Gegensatz zur Heuneburg, ein steter Machtzuwachs im Verlauf der Hallstattzeit festzustellen. Während die Besiedlung der Heuneburg mit Beginn der Späthallstattzeit abbricht, bleibt der Hohenasperg bis in das Ende der Frühlatènezeit, d. h. bis ins ausgehende 5. Jahrhundert v. Chr. besiedelt. Einer der größten und bestausgestatteten Tumuli jener Zeitepoche, das Kleinaspergle, das jüngste reiche Monument dieser faszinierenden Grabhügellandschaft, liegt nur einen knappen Kilometer südlich des Berggipfels. Den Hohenasperg, obwohl arm an archäologischen Funden, sollte man dennoch besuchen. Entlang des oberen Mauergürtels kann man die Festung umrunden, den Blick in die weite Landschaft des Langen Feldes genießen und bei guter Sicht das Kleinaspergle ausmachen, das wieder seine ursprüngliche Höhe aufweist. Darüber hinaus mögen Lage und Aussicht die Fantasie beflügeln: An dieser Stelle lebte vor etwa 2 500 Jahren eine Dynastie, die politischen Einfluss sowie wirtschaftliche und kulturelle Beziehungen weit über die Regionalgrenzen hinaus besaß.

Grabhügel Kleinaspergle

Anfahrt: Von Ludwigsburg auf der B 27 Richtung Autobahn bis Ludwigsburg-Eglosheim, hier Richtung Asperg.
Vor der Ortsmitte, hinter der Bahnlinie nach Süden in die Alleenstraße einbiegen. Dieser folgen bis zur „Sportanlage Osterholz" und rechts auf den Parkplatz. Von hier aus sind es noch knapp 150 m zu Fuß bis zum Hügel.
Oder: Buslinie 420 ab Rathaus Ludwigsburg bzw. Bahnhof Asperg bis Haltestelle „Neckarstraße" in Asperg. Weiter wie oben beschrieben.

Durch Stollen zum Zentrum

In unmittelbarer Sichtweite zum Hohenasperg wölbt sich der knapp 9 m hohe Großgrabhügel auf einem flachen Höhenrücken zwischen Asperg und Möglingen. Wie viele seiner Art in der Umgebung des Fürstensitzes wurde auch er ein Opfer früher Grabräuber. Dennoch gelang es dem Geologen Oscar Fraas 1879 eine unzerstörte Nebenkammer freizulegen. Seine Methoden, den Hügel anzugehen, waren durchaus unorthodox: Nach bergmännischer Manier trieb er einen von Holzpfosten gestützten unterirdischen Stollen zur Hügelmitte vor und legte von dort aus einen weiteren, ringförmig um den Mittelpunkt verlaufenden Stollen an. Die große Enttäuschung über die leere Zentralkammer, die in den Untergrund eingetieft war, wurde bald wettgemacht durch die Entdeckung eines ebenerdig in die Hügelschüttung eingebrachten unberaubten Grabes. Angesichts der außergewöhnlich reichen Beigaben mag man sich fragen, wie erst der zentral bestattete Tote ausgestattet gewesen sein mag ...

Kostbarkeiten aus dem Süden

In einer 2 m × 3 m großen hölzernen Kammer fanden sich Schmuck und ein bemerkenswertes Trinkservice, bestehend aus mehreren Bronzegefäßen: In einem großen Kessel (Durchmesser 93 cm) lag eine kleine Schöpfschale aus Holz, daneben standen auf dem Kammerboden eine so genannte Rippenziste, ein aus Etrurien importierter Stamnos, d.i. ein Henkeleimer, der als Mischgefäß diente, und eine Schnabelkanne, die nach südlichem Vorbild von einheimischen Künstlern geformt und mit einer Griffplatte in rein keltischem Stil geschmückt worden war. Gekrönt wurde das Ensemble durch zwei goldene Trinkhornbeschläge, die an der Spitze in Widderköpfen enden. Auch sie sind von hiesigen Meistern gefertigt worden. Verblüffenderweise weist das eine Trinkhorn eine Verzierung auf, die auf griechische Traditionen zurückgeht, während das andere die keltische Formensprache aufgreift. Ein kleines Sieblöffelchen aus Gold gehörte sicher auch zu diesem Geschirrsatz, ebenso wie zwei attische bemalte bzw. gefirnisste Trinkschalen, die, als wären sie nicht prächtig genug gewesen, hier zusätzlich mit verzierten Goldblechstückchen geschmückt worden waren. Wie erwähnt gehört dieser Hügel zu den jüngsten Fürstengräbern um den Hohenasperg, nach 400 v. Chr. endet diese Form reicher Hügelbestattungen. Das Kleinaspergle ist auch heute noch ein eindrucksvolles Bodendenkmal. Zwar liegen im Inneren keine wertvollen Funde mehr verborgen, immerhin aber noch die hölzernen Stützkonstruktionen der Stollenbauten von Oscar Fraas, die nach seinen Untersuchungen nicht abgebaut worden sind.

Das jüngste Grab in nächster Nähe. Das „Kleinaspergle" im Süden des Zeugenbergs.

Asselfingen, UL

Anfahrt: Über die A 7 Heidenheim–Ulm, Ausfahrt Niederstotzingen/Bissingen. Am Ortseingang Bissingen nach rechts Richtung Öllingen abbiegen. Kurz vor der Brücke über die Lone links ein Wanderparkplatz. Weiter 2,5 km zu Fuß am nördlichen Flußufer entlang der Beschilderung bis zu den Höhlen folgen.

Hohlenstein-Höhlen Stadel, Kleine Scheuer und Bärenhöhle

Elfenbein im Kalkschutt

Drei bemerkenswerte Höhlen liegen im Felsen des Hohlenstein knapp über der Talaue. Sowohl der Stadel, als auch die Bärenhöhle und der dazwischen liegende Felsüberhang der Kleinen Scheuer sind schon in der Altsteinzeit von Mensch und Tier als Schutz- und Rastplätze aufgesucht worden.
Mehrere Grabungskampagnen der Dreißigerjahre in den Höhlen brachten Erstaunliches zutage, obwohl die Höhlen schon früh und immer wieder von skrupellosen Raubgräbern heimgesucht worden waren. Im Stadel fanden sich neben einem Fragment vom Oberschenkelknochen eines Neandertalers und zahlreichen Silexartefakten aus dem mittleren und jüngeren Paläolithikum mehr als 200 Fragmente eines Mammutstoßzahnes. Jahre später gelang es, diese Teile zusammenzufügen. Heraus kam ein singuläres Stück: Vor rund 32 000 Jahren hatte ein Steinzeitmensch eine 30 cm hohe Figur in Menschengestalt mit einem Löwenkopf geschnitzt. Dieses vollendete Kunstwerk, heute im Ulmer Museum, ist eines der ältesten in Mitteleuropa.

Erschlagen, enthauptet, bestattet – erschlagen, verzehrt, bestattet?

Stadel und Kleine Scheuer haben auch aus den nachfolgenden Jahrtausenden Reste menschlicher Siedeltätigkeit, aber auch kultischer Handlungen bewahrt. In einer Grube lagen die Schädel eines Mannes, einer Frau und eines Kindes, die zeigten, dass sie erschlagen und enthauptet worden waren. Direkt hinter der Grube stieß man auf eine Trümmerstätte aus zerschlagenen Knochen von mindestens 40 Menschen, vorwiegend Frauen und Kindern, die in zwei Gruben deponiert waren. R. Wetzel sah hier die Reste eines kannibalistischen Rituals. Dieser Befund gehört in die mittlere Jungsteinzeit. Weitere Funde zeigen, dass der Platz bis zum frühen Mittelalter immer wieder, wenn auch nur kurzfristig, besiedelt war. Trotz dieser aufregenden Funde wird der Stadel aber niemals das sein, was er hätte sein können - die wichtigste Höhle in Württemberg überhaupt! Die Raubgräber haben den Fundplatz praktisch in den sterilen Zustand überführt. Was dabei für Wissenschaft und Heimatgeschichte verloren ging, wird man nie mehr erfahren.

Forschung beantwortet Fragen

Die Untersuchungen in der daneben liegenden Bärenhöhle waren vor allem für die Forschungsgeschichte von großem Wert. Erstmals konnte man anhand der Vergesellschaftung von menschlichen Artefakten und Knochen des urzeitlichen Höhlenbären zeigen, dass beide zur gleichen Zeit gelebt hatten,

Wenn der Winter die Bäume entlaubt hat, mag der Eingang zur Bärenhöhle noch authentischer wirken.

was jahrelang bezweifelt worden war. Am Hohlenstein wird weiter geforscht. Jüngste Ausgrabungen im Bereich des schwach geneigten Talhangs vor den Höhlen haben auch hier zahlreiche Kulturschichten nachgewiesen.
Vom Hohlensteinfelsen aus lohnt ein Abstecher zum südlich sehr reizvoll gelegenen Frauenkloster Lindenau, das heute bewirtschaftet ist. Am Weg dorthin, kurz vor dem Waldrand, liegen Mauerreste eines römischen Gebäudes. Nicht weit vom Hohlenstein liegt aber auch der Vogelherd (s. S. 130), eine Höhle, die ebenfalls vor allem Artefakte der Altsteinzeit erbracht hat, u. a. weltberühmte Kleinplastiken aus Mammutelfenbein. Um den Vogelherd zu erreichen, gehe man zum Parkplatz zurück, von dort nur wenige Meter die Straße entlang in Richtung Stetten. Ab dem nächsten Parkplatz führt links ein Fußweg zum Vogelherd.

Bad Buchau, BC

Anfahrt: Autobahn A 8 Stuttgart–München, ab Ulm auf die A 7 Richtung Memmingen, Ausfahrt Heimertingen, dann auf die B 312 nach Biberach, über Mittelbiberach nach Bad Buchau.
Oder die Route über die Albhochfläche von Reutlingen auf die B 312 über Pfullingen nach Riedlingen, hier auf die B 311 bis Herbertingen. Von dort über Marbach und Kanzach nach Bad Buchau.

Federseemuseum mit archäologischem Freigelände und archäologischem Moorlehrpfad

August-Gröber-Platz, 88422 Bad Buchau
Tel. 07562/8350; Fax 933810
E-Mail: federseemuseum@t-online.de

Öffnungszeiten:
1. April bis 1. November: tägl. 10–18 Uhr
2. November bis 31. März: So 10–16 Uhr

Kulturlandschaft von höchstem Rang

Ihre unverwechselbare Prägung verdankt die Landschaft um den Federsee zahlreichen Gletschervorstößen während der letzten Eiszeiten. Vor allem der Rheingletscher schob während der Riß-Kaltzeit immer wieder mächtige Ausläufer gegen die Donau vor; in der folgenden Würm-Eiszeit türmt sich die Endmoräne des gleichnamigen Gletschers auf und begrenzt den südlichen Rand des Federseebeckens, das damals fast bis zum Rand mit Schmelzwasser angefüllt war. Späteiszeitliche Jäger, den Herden der Rentiere und Wildpferde folgend, suchten diese besondere Landschaft immer wieder auf. Ihre Lagerstätten und Rastplätze finden sich sowohl an den Ufern des ehemals riesigen Sees (etwa 30 km^2), als auch auf den umgebenden Höhen.
Zu den berühmtesten Fundstellen gehört das Rentierjägerlager an der Schus-

Die Landschaft lässt noch die ehemalige Größe des Federsees erkennen.

So könnte es am Federsee in der Jungsteinzeit ausgesehen haben.

senquelle südlich des Federsees, an der der Paläontologe Oscar Fraas durch seine Grabungen 1866 erstmals nachweisen konnte, dass schon in der Eiszeit Menschen im Südwesten unseres Landes lebten.
Mit der zunehmenden Klimaerwärmung veränderte sich nicht nur die Landschaft - in der eiszeitlichen Tundra begann die Bewaldung - es verschwanden auch die riesigen Ren- und Wildpferdherden. Die nomadisierenden Jäger der Mittelsteinzeit bejagten nun kleinere Tiere: Mit ihren hochspezialisierten, aus kleinsten Silex-Mikrolithen hergestellten Kombinationswaffen wurden nicht nur Vögel und Niederwild erlegt, sondern auch der Fischreichtum des großen Gewässers genutzt. Zahlreiche kleine saisonale Jagd- und Fischfanglager am Ufer, die wohl zentraleren, länger bewohnten Plätzen zugeordnet waren, bezeugen die wiederholte Anwesenheit dieser letzten Wildbeuter.

Die Bauern kommen

Mit dem Übergang von der aneignenden zur produzierenden Wirtschaftsform in der Jungsteinzeit wandelt sich erneut das Bild am See.
Die ersten Dörfer entstehen, Wildtiere werden domestiziert, Nahrungspflanzen kultiviert und planmäßig angebaut. Bereits im 6. vorchristlichen Jahrtausend werden die fruchtbaren Lössböden Südwestdeutschlands besiedelt. Große, tief fundamentierte Häuser sind charakteristisch für diese Zeit.
Im Federseeried dagegen werden die ersten Weiler erst um 4200 v. Chr. angelegt. Im Gegensatz zu den stattlichen Gebäuden der Lössbauern sind die Häuser hier kleiner und leichter und in einfacher Ständerbauweise errichtet - eine gelungene Anpassung an den unsicheren Untergrund. Aufgrund starker und häufiger Seespiegelschwankungen allerdings mussten viele Dörfer aufge-

Die Grabungsbedingungen im Moor sind nicht leicht. Um die Befunde nicht zu zerstören, muss man bäuchlings arbeiten.

geben und an anderer Stelle wieder neu erbaut werden. Die Reste dieser ältesten Siedlungen, die bis in die Zwanzigerjahre des 20. Jahrhunderts unter darüber liegenden Torfschichten gut konserviert waren, sind inzwischen durch Grundwasserabsenkungen weitestgehend vergangen. Dennoch ist eine fast ungebrochene Siedeltätigkeit am See auch heute noch archäologisch nachzuweisen.

Spezialisten im Moor

Bis zur späten Jungsteinzeit um 3000 v. Chr. sind die Seeufer und Moore dicht besiedelt. Je nach Bodenbeschaffenheit und Hochwassergefahr wurden die Häuser als Packwerkbauten mit leicht über den Untergrund abgehobenen, auf Pfahlrosten ruhenden Böden errichtet, oder aber ebenerdig mit direkt auf dem Grund aufliegenden Prügelböden, deren Lehmestrich vor eindringender Nässe schützte.
Die systematisch betriebene Erforschung der jungsteinzeitlichen Ansiedlungen erbrachte z. T. erstaunliche Ergebnisse. So ließ sich in einem Dorf bei Alleshausen eine vom üblichen Baustil abweichende Konstruktionsweise der Häuser feststellen: Wände und Böden der großen, in mehrere Räume aufgegliederten Häuser waren nicht mehr mit Lehm verputzt, sondern offenbar mit organischem Material, vielleicht Torf.
Dazu kam ein völlig einmaliger Befund: In den Abfallgruben wurden nur geringe Reste von Getreide entdeckt, dafür aber außergewöhnlich große Mengen an Überresten der Leinpflanze. Tatsächlich scheint es sich hier um eine Art Handwerkersiedlung zu handeln, die sich auf die Textilproduktion spezialisiert hatte.
Ebenfalls aus Alleshausen stammen Teile von großen hölzernen Scheibenrädern, die mit 4700 Jahren zu den ältesten der Welt gehören. Diese frühen Räder mit viereckigem Achsloch waren an der rotierenden Achse eines zweirädrigen Karrens angebracht.

Stapellauf des neuen Einbaums …

Aufschwung mit neuem Werkstoff

Eine wahre Blütezeit erlebte der Federsee in der Bronzezeit. Die Befunde und Funde vor allem zweier großer Hauptsiedlungen erlangten überregionale Bedeutung. Es sind die nach ihrem Entdecker benannte früh- und mittelbronzezeitliche „Siedlung Forschner" und die „Wasserburg Buchau" aus der Spätbronzezeit, dem Abschnitt der so genannten Urnenfelderkultur.
Die „Siedlung Forschner" war von mehreren Palisadenreihen umgeben, das Zentrum der Dorfanlage durch eine Holzwehrmauer zusätzlich abgesichert. In der Mittelbronzezeit erweiterte man das Dorf um mehrere Gehöfte und legte einen stabilen Bohlenweg an, der, dreimal auf insgesamt 9 m verbreitert, das Festland mit der Insel Buchau verband. Vielleicht verließen die Einwohner in der Mittelbronzezeit ihre Häuser auf dem labilen Boden des Moores zugunsten des festeren Untergrunds auf der Buchauer Insel.
Auch die so genannte Wasserburg Buchau am südlichen Ende der Verlandungszone war von Palisaden umgeben. Sie wurde um 1000 v. Chr. angelegt und war mindestens zwei Jahrhunderte lang bewohnt. Durch dendrochronologische Untersuchungen konnte nachgewiesen werden, dass auch die Wasserburg zwei Ausbauphasen hatte, in deren Verlauf sich sowohl die Häusergröße, als auch ihre Funktion änderte - neben den Wohngebäuden wurden eigene Wirtschafts- und wohl auch Handwerkergebäude errichtet. Dass in der Wasserburg Bronze verarbeitet wurde, zeigen die zahlreichen Abfälle und Gerätefragmente in der Siedlung. Auch die Herstellung und Verarbeitung von Glas ist hier nachgewiesen. Handel und Transport waren wichtige Bestandteile der Wirtschaft. Funde von Einbäumen, Paddeln und dem Teil eines weiteren Scheibenrads, das, mit einem runden Achsloch versehen, nun nicht mehr starr auf der sich drehenden Achse saß, sondern sich um eine feste Achse drehte, sind dafür beredtes Zeugnis.
Beide Fundstellen bilden noch heute Schwerpunkte der modernen Pfahlbauforschung am Federsee.

... geschafft! Eine Seefahrt, die ist lustig!

Fischer und Fährleute

In der Eisenzeit scheint das Federseebecken nur spärlich besiedelt gewesen zu sein. Dennoch wurde der See nach

Schon vor seiner Vollendung zog der Freilichtbereich zahlreiche Besucher an.

wie vor genutzt. In einer flachen Bucht am Südende des Sees fanden sich Pfahlbauten, die durch im Wasser stehende leichte Zäune aus Ästen und Brettern untereinander verbunden waren. Diese „Leitwerke“ sammelten vor allem die Hechte, so dass diese bequem von den Häuschen aus abgefischt werden konnten. Weitere Einbäume und Paddel zeigen, dass nicht nur, wie bereits in früheren Zeiten, die Boote ausschließlich zum Fischen genutzt wurden, sondern dass beispielsweise am Federbach in der Hallstattzeit auch ein Fährbetrieb bestand.

Die für die Hallstattzeit typische Sitte der Hügelbestattung ist auch für den Federsee zu belegen. Westlich und südwestlich des Sees wurden mehrere Grabhügel dieser Zeit lokalisiert.

Opfer für die Götter

Das Ende der Hallstattzeit um 450 v. Chr. bedeutet auch das Ende der Siedlungstätigkeit im Ried. Das Gebiet wird verlassen, aber dennoch nicht vernachlässigt. Moore, Seeufer, Flüsse und Quellen werden zu heiligen Stätten für die Kelten der nachfolgenden Latènekultur. Dort, wo die Siedlungen der Vorfahren längst vergangen sind, entstehen mystische Orte, an denen immer wieder Gaben für die Gottheiten deponiert werden.

Zu den bedeutendsten Ensembles gehört der Weihefund von Kappel, einem Ort südwestlich des Federsees. Bronze- und Eisengegenstände aus den verschiedensten Lebensbereichen kennzeichnen diesen außergewöhnlichen Fund. Er umfasst vollständige und fragmentierte Bronzegefäße, Schöpfer, Schmuck, Zaumzeug und Pferdezierrat sowie das Fragment einer Carnyx, eines Schlachthorns. Zahlreich sind auch die hochwertigen Eisenobjekte: Werkzeuge zur Verarbeitung des neuen Rohstoffs, wie etwa Hämmer, Meißel, Amboss und Zangen, eiserne Gerätschaften für die Holzbearbeitung, Wagenteile, landwirtschaftliche Geräte und eiserne Haushaltsgegenstände. Von der Verzierung eines Feuerbocks stammt der Kopf des eisernen Kormorans, der als Logo des Federseemuseums gewählt wurde und die Verbindung von Archäologie und Naturgeschichte am Federsee bildhaft veranschaulicht.

Das bekannte Museum, das die Natur- und Kulturgeschichte dieser außergewöhnlichen Landschaft rund um den See in faszinierender Weise präsentiert, ist durch einen Freilichtbereich ergänzt, der in den letzten Jahren erheblich ausgebaut wurde. Er zeigt anschaulich, wie die Baustrukturen sich im Lauf der Jahrhunderte gewandelt und den wechselnden Bedürfnissen angepasst haben. Hier stehen heute Rekonstruktionen verschiedenster Hausformen aus vier stein- und bronzezeitlichen Siedlungen des Federseerieds. Das nächste Projekt ist bereits in Angriff genommen: Der Nachbau einer eisenzeitlichen Fischfanganlage, wie sie in Oggelshausen entdeckt wurde. Auch der rekonstruierte zweirädrige Wagen ist im Einsatz, ebenso wie die Nachbauten der vorgeschichtlichen Einbäume und Paddel, mit denen sich wunderbar fahren lässt. Ein 9,5 km langer archäologischer Moorlehrpfad beginnt am Museum und führt über elf Stationen durch das südliche Ried.

Zurück in die Steinzeit. Werkzeugherstellung bei einer Aktion im Freilichtmuseum.

Einmalig in Europa

Es gibt in ganz Europa kein Gebiet, in dem die verschiedenen Kulturabfolgen der Vorgeschichte, Siedlungsmuster und Hausformen, Wirtschaftsweisen, Alltagsleben und Umweltveränderungen so gezielt erforscht werden können, wie am Federsee.

Die Schaffung von archäologischen Reservaten, naturwissenschaftliche Untersuchungen und ökologische Schutzmaßnahmen am Federsee bilden heute eine starke Koalition für die Erhaltung dieses außergewöhnlichen Kulturraumes. Das Ensemble von Museum, Freilichtbereich und Lehrpfad in Bad Buchau ist eines der gelungensten Beispiele für die Zusammenarbeit zwischen Natur- und Denkmalschutz, für die lebendige Vermittlung prähistorischer und landschaftsgeschichtlicher Zeugnisse, die sich in einer der schönsten Landschaften Oberschwabens präsentieren.

Bad Krozingen, FR

Anfahrt: Über die A 5 Freiburg–Basel, Ausfahrt Bad Krozingen, Richtung Bad Krozingen.

Römischer Brunnen

Anfahrt: Auf der B 3 von Norden durch den Ort. Direkt am südlichen Ortsausgang, aus dieser Richtung östlich (links) der Straße im Neubaugebiet.

Wasser für Mensch und Vieh

Wahrscheinlich um die Mitte des 1. Jahrhunderts n. Chr. entstand an der Strecke Basel-Mainz im heutigen Bad Krozingen eine römische Straßenstation *(mansio)*. Die günstige Lage führte schon wenig später zur Entwicklung eines ausgedehnten *vicus* mit Töpfereibetrieben, Bronze, Eisen und Knochen verarbeitenden Werkstätten, die außer der Siedlung selbst wohl auch die Gutshöfe der näheren Umgebung mit ihren Erzeugnissen beliefert haben werden. Die Niederlassung, die sich rechts und links der moderen Ortsdurchfahrt erstreckt, ist bis auf die unmittelbar neben dem Brunnen gelegenen Reste einer Töpferei bisher noch kaum erforscht.

Einziger oberirdisch sichtbarer Überrest ist der Brunnen, der einst Reisende und Handwerksbetriebe mit Wasser versorgte. Er besitzt einen neu aufgemauerten runden Steinkranz über einem Schacht von 6,50 m Tiefe, der in römischer Zeit das Grundwasser erreichte, und wurde mit einer einfachen spitzgiebeligen Holzüberdachung anschaulich rekonstruiert.

Römischer Steinkeller

Anfahrt: Wie oben beschrieben. Nach etwa 1,5 km rechts Abzweigung nach Schlatt (Kurkliniken). Auf der linken Seite Hinweisschild „Römerkeller", weiter ca. 100 m auf dem Feldweg bis zum Rand des Kurgebiets. Vom Bahnhof Krozingen etwa 10 Min. zu Fuß.

Kunst sogar im Keller

Von einem Landgut an der rechtsrheinischen Römerstraße im Gewann „Sinnighofen" sind heute noch die konservierten Steinstrukturen eines römischen Kellers zu sehen, über dem ehemals ein hölzernes Gebäude errichtet worden war. Die Qualität des Kellers beweist, dass es sich nicht um ein bescheidenes Anwesen gehandelt haben wird, sondern um einen der gut ausgestatteten römischen Gutshöfe, die die Bewohner des südlich gelegenen *vicus* mit landwirtschaftlichen Produkten versorgt haben. Der Keller ist in zwei Räume unterteilt, die über eine Treppe zu erreichen waren. Die etwa 1,4 m hohen Mauern aus Kalksteinquadern sind 0,6 m dick und waren durch vier verputzte, mit Wandmalereien geschmückte Gewölbenischen unterbrochen. Die Alamannen zerstörten in den Jahren 259/60 die nahe gelegene Siedlung und den Gutshof. Im Schutt des Kellers fand sich noch eine Silbermünze des Severus Alexander (222–235 n. Chr.).

Bad Rappenau, HN

Anfahrt: Von Bad Rappenau in nordöstliche Richtung zum Zimmerhof. Am Ortsanfang links abbiegen Richtung Siegelsbach. Nach etwa 1 km Parkplatz, von dort etwa 100 m bis zur Fundstelle.

Römischer Gutshof

Schön wohnen, effektiv arbeiten

Einem Beamten der Flurbereinigung Sinsheim ist die Entdeckung der römischen Villa zu danken, deren Hauptgebäude nach Abschluss der Ausgrabungen des Landesdenkmalamtes nicht nur aus den Flurbereinigungsmaßnahmen herausgenommen, sondern sogar in Teilen restauriert werden konnte. Die nach Südosten geneigte Hanglage erforderte schon in römischer Zeit die besondere Berücksichtigung des Geländes - das Gehniveau des nördlichen Flügels der so genannten Peristylvilla lag 3,3 m über dem des Südflügels, aber auch die einzelnen Räume des Gebäudes wurden abgestuft und dadurch der topografischen Situation angepasst. Deutlich sind die Funktionsunterschiede der einzelnen Räume zu erkennen: Die Räume des nordwestlichen, des westlichen und südlichen Gebäudeflügels waren dem eigentlichen Wohnen vorbehalten. Hier gab es Estrichböden, die sorgsam gemauerten Wände waren verputzt und z. T. bemalt, und in einer langgestreckten Halle des Südflügels wärmte eine Fußbodenheizung, die von einem kleinen Raum an der Südostecke befeuert wurde. Selbst der Keller in der Nordwestecke war besser ausgestattet, die Mauerfugen und Keilsteine der Nischen farbig gefasst. Die Räume im nordöstlichen und nördlichen Bereich der Villa dagegen sind als Vorrats- und Wirtschaftsräume anzusprechen. Hier fehlen Wandverputz und Mörtelböden. Der längliche Anbau an der Ostseite mit Feuerstelle und einer mit Ziegeln verkleideten Abflussrinne wird als Küche gedeutet - auf den niedrigen Mauern vor den Innenwänden standen vermutlich Geschirr und weitere Küchenutensilien. Die Villa, erbaut in der zweiten Hälfte des 2. Jahrhunderts n. Chr., bestand vermutlich nur bis zum Beginn des dritten nachchristlichen Jahrhunderts.

Blick aus der Luft auf den römischen Gutshof.

Bad Urach, RT

Anfahrt: Über die B 28 von Metzingen nach Bad Urach. Am Ortsbeginn rechts, Hinweisschild „Wasserfall". Dort vom Parkplatz (zu Fuß) den Wanderweg Richtung „Güterstein" nehmen. Etwa auf halbem Weg zweigt links die „Fohlensteige" ab, der man folgt. Vom Sattel zwischen Rundem Berg und Albhochfläche kleiner Stichweg links zum Bergplateau.
Ebenfalls möglich: Von Reutlingen über Eningen auf die Albhochfläche zum Hof St. Johann. Vom Parkplatz beim Gestüt über den markierten Wanderweg zum Runden Berg.

Alamannische Höhensiedlung Runder Berg

Frühmittelalterlicher Siedlungsplatz

Allein die prächtige Aussicht vom Runden Berg über die Schwäbische Alb wäre schon die etwa 3 km lange Wanderung zum Gipfel wert. Weiß man darüber hinaus um die Bedeutung dieses Platzes vor allem in der Frühgeschichte unseres Landes, so mag dies den Reiz erhöhen. Obwohl auch heute noch einige Fragen zur Siedlungsgeschichte des Runden Berges offen bleiben müssen, haben doch die gezielten Ausgrabungen der „Alamannischen Kommission" Heidelberg in den Sechziger- bis Achtzigerjahren eine Fülle neuer Erkenntnisse geliefert. Das überaus reiche Fundmaterial, vor allem aus dem 3.–6. und dem 7. und 8. Jahrhundert, weist die Hochfläche des Berges als einen Siedlungsplatz verschiedener wohlhabender Familien aus. Der genaue Beginn der Besiedlung auf dem Berg ist nicht bekannt, man weiß jedoch, dass die Alamannen bereits im 3./4. Jahrhundert n. Chr. auf der Hochfläche saßen und zum Schutz ihrer Häuser eine 220 m lange Befestigung aus einer mächtigen Doppelpfostenreihe, die mit Erde, Steinen und Schutt versteift war, errichtet hatten. Sie sperrt die Mitte des Plateaus nach Südwesten und umfasst, die Hangkante entlang laufend, die ganze Nordostspitze. Der Weg zum Zentrum der Hochfläche zieht durch diese Umwehrung, deren Verlauf heute mit kurzen hölzernen Pfosten markiert ist. Reiche alamannische Krieger mit ihren Familien, aber auch Schmiede und Künstler hatten ihre Wohn- und Werkstätten innerhalb, die einfacheren Handwerker außerhalb des Befestigungsrings. Auf einer Hangterrasse an der Nordostflanke des Bergs standen kleine landwirtschaftliche Betriebe und schlichte Schmiede- und Holzwerkstätten. Diese erste Besiedlung bestand allerdings nur kurze Zeit. Schon um 400 n. Chr. wurde sie einplaniert und musste einer neuen Siedlungsstruktur weichen.

Herrschafts- und Gewerbezentrum

Ab dem 5. Jahrhundert ist auf dem Runden Berg der Sitz einer alamannischen Adelsfamilie anzunehmen. Es war eine von ranghohen Kriegern angeführte Gesellschaftsschicht, der diese

Der Runde Berg während der Ausgrabungen.

Familie angehörte. Qualitätvolle Waffen, wie etwa Goldgriffspathen, silbertauschierte Schnallen, Beschläge und Riemenzungen, aber auch feinstes Tafelgeschirr, kostbare Glasgefäße und aufwändiger Frauenschmuck zeigen, dass sich hier, unter der Führung eines Edlen oder Kleinkönigs, Macht und Reichtum vereinten. Beides ist nicht zuletzt auf die zahlreichen Werkstätten zurückzuführen, die der Herrenhof umschloss. Hier arbeiteten Gold- und Silberschmiede, Gagatschneider und Schreiner sicher nicht nur für den Bedarf der Vornehmen. Der Runde Berg wird sowohl Herrschaftszentrum, als auch Mittelpunkt von hochspezialisierten Gewerbebetrieben gewesen sein, die das Umland mit hochwertigen Gütern belieferten und weit reichende Handelsbeziehungen pflegten. Es ist eine Zeit hoher wirtschaftlicher Blüte und politischer Macht, die den Herrensitz im 5. Jahrhundert kennzeichnen. Sie findet mit dem Sieg des Merowingerkönigs Chlodwig über die Alamannen ein jähes Ende.

Verstecke für wertvollen Besitz

Noch bevor der Fürstensitz, wahrscheinlich in den kriegerischen Auseinandersetzungen mit den Franken zu Beginn des 6. Jahrhunderts endgültig aufgegeben werden musste, versteckten die Bewohner des Runden Berges ihr Hab und Gut in Felsspalten oder einfach nur im Gebüsch am Berghang. Sie haben es nicht wieder bergen können... Die Ausgrabungen erbrachten sowohl

Aus den Befunden kann das Aussehen alamannischer Häuser rekonstruiert werden.

die persönliche Habe der Fürstenfamilie, wie Schmuck und kostbare Waffen, als auch die Werkzeuge und Produkte der Handwerker. Die Sieger plünderten die Gebäude und zerschlugen die Einrichtung und den gesamten verbliebenen Hausrat.

Adelssitz der Merowinger

Bis zur Mitte des 7. Jahrhunderts bleibt der Runde Berg unbesiedelt, dann wird er Sitz einer spätmerowingerzeitlichen Adelsfamilie, die eine unbefestigte Siedlung aus Holzbauten anlegt. Innerhalb dieser Niederlassung lässt sie eine 20 m lange und 9 m breite repräsentative Halle in Pfostenbauweise auf dem Ostteil der Hochfläche errichten. Die Pfostengruben waren bis zu 1 m (!) in den anstehenden Felsen hineingeschlagen worden. Moderne Holzpflöcke markieren heute den Grundriss dieser dreischiffigen Anlage. Die Halle war von weiteren Wohn- und Wirtschaftsgebäuden und von Pferdeställen umgeben, die sich über die gesamte Bergkuppe erstreckten. Um die Mitte des 8. Jahrhunderts wird auch dieser Adelssitz gewaltsam zerstört.

Mittelalterliche Ruinen

Steigt man von der Nordwestseite am Rand des ehemaligen Siedlungsareals den Hang hinab, so erkennt man nach wenigen Metern die Reste einer steinernen Umfassungsmauer und weiterer rechteckiger Steinbauten, von denen einer besonders gut erhalten ist. Er war von Osten her durch einen ebenerdigen Eingang zugänglich. Spuren verbrannter Pfosten und Querbalken im Inneren deuten auf ein weiteres Geschoss, das vom Plateau her erreicht werden konnte, also eine turmartige Konstruktion. Die Mauer und die Steingebäude gehören zur Befestigung einer Burg, die in karolingisch-ottonischer Zeit, also im 9./10. Jahrhundert auf dem Runden Berg gestanden hatte. Die zur Burg gehörenden Einzelbauten waren teilweise mit Kachelöfen ausgestattet und besaßen bunte Glasfenster. Auch eine Kapelle konnte im Burgareal nachgewiesen werden. Ein weiteres Mauerstück und ebenso Teil dieser Befestigung zieht sich unterhalb des leicht nach Nordosten geneigten Hanges hin, den man bequem hinabsteigen kann. Von hier aus genießt man eine herrliche Aussicht auf die Stadt Bad Urach und das Tal der Erms.

Blick aus der Luft auf den Runden Berg.

Baden-Baden, BAD

Anfahrt: Über Autobahn A5 Karlsruhe–Basel, Abfahrt Baden-Baden, bis Stadtmitte. Am Augustaplatz Hinweisschilder „Römische Badruine".

Römische Heilbäder

Intensive Römerforschung

Baden-Baden wird seit Jahrhunderten von Erholung und Heilung suchenden Kurgästen aus aller Welt besucht. Die Heilkraft der hier austretenden Thermalquellen aber war schon von den Römern erkannt und genutzt worden.

Heute läuft man unter dem Fußboden: das Hypokaustum unter dem Friedrichsbad.

Aquae, der antike Name der Stadt, gedieh zu einer auf Hangterrassen angelegten prosperierenden Niederlassung; heute zeugen allerdings nur noch wenige sichtbare römische Baureste im Stadtgebiet von ihrem einstigen Glanz. Wie so oft, begann auch in Baden-Baden die Beschäftigung mit den Hinterlassenschaften römischer Vergangenheit im Zeitalter des Humanismus. Doch erst ab dem 19. Jahrhundert wurde archäologische Forschung systematisch betrieben. Ein „Museum Palaeotechnikum" entstand bereits 1804, wurde aber rund vier Jahrzehnte später bereits wieder abgerissen. Dabei traten die ersten Reste der ausgedehnten römischen Thermen zutage und die Römerforschung erlebte bis zum Ende des Jahrhunderts eine ausgesprochene Blütezeit, in der der Großteil der römischen Bäderanlagen freigelegt wurde.

Hunderte römischer Fundstellen

Nach dem Zweiten Weltkrieg erfolgten nur noch Notbergungen; große, flächenhaft zusammenhängende Areale konnten im Stadtgebiet nicht mehr untersucht werden. Die gesamte Siedlungsstruktur des antiken *Aquae* ist deshalb nur in Ausschnitten fassbar, obwohl Hunderte römischer Fundstellen im Stadtgebiet ermittelt werden konnten. Wir wissen, dass die Kernsiedlung südlich des Neuen Schlosses lag und sich weitere Siedlungsbefunde im Westen bis an die Luisenstraße, im Osten bis zur Altkatholischen Spitalkirche erstrecken. Die römische Nekropole wurde im Nordwesten der Stadt beim Hindenburgplatz und im Bereich des „Badischen Hofs“ nachgewiesen.

Kaiser- und Soldatenbäder

Die großen römischen Bäder und die Siedlung sind, wie zahlreiche Inschriftenfragmente bezeugen, in den letzten zwei Jahrzehnten des ersten nachchristlichen Jahrhunderts von verschiedenen in Baden-Baden anwesenden Truppenverbänden angelegt worden. Ein Kastell ist allerdings bisher nicht nachgewiesen und aufgrund der topografischen Situation auch eher unwahrscheinlich. Von den prächtigen so genannten Kaiserbädern, die von der etwa 70 °C heißen Hauptquelle der Thermalwässer gespeist wurden, ist heute nur noch der Grundriss, der im Pflaster des Marktplatzes markiert ist, nachvollziehbar. Diese Bäderanlage setzte sich aus je zwei äußeren runden und je zwei inneren viereckigen Bassins zusammen, wobei die östlichen Becken offenbar nur zur Kühlung des heißen Wassers dienten, die beiden westlichen, mit Marmor- und Granitplatten verkleidet, dem eigentlichen Badebetrieb. Die so genannten Soldatenbäder westlich des Frauenklosters zum Heiligen Grab, unter dem heutigen Friedrichsbad, werden nach Abschluss von Restaurierungsmaßnahmen ab 2001 wieder zugänglich sein.

Mehr als eine Badeanstalt

Die ersten Überreste waren schon 1846 entdeckt, in mehreren Grabungskampagnen freigelegt und konserviert worden. Der heutige Eingang liegt ca. 1 m unter dem ehemaligen römischen Niveau. Dadurch erschließen sich dem Besucher die beeindruckenden Substruktionen der Anlage besonders deutlich. Durch einen kleinen Raum gelangt man direkt in das *praefurnium,* das noch das antike Tonnengewölbe besitzt. Von hier aus wurden vier Räume beheizt. Vom *caldarium* konnte man in zwei jeweils um eine halbe Stufe niedriger gelegene Becken hinabsteigen. Das Laubad schließt sich südlich an. Während *caldarium* und *tepidarium* aus quadratischen Ziegeln aufgesetzte Hypokaustpfeiler besitzen, sind im *sudatorium* runde Ziegelplatten zur Errichtung der Fußbodenheizung verwendet worden. Ein aus Bruchsteinen errichteter Kanal, der an der östlichen Seite des *sudatoriums* entlang läuft, ist Teil eines durchdachten, aus sorgsam behauenen Sandsteinplatten gemauerten Kanalsystems für die Entsorgung von Abwässern, das die gesamte Siedlung durchzog und vermutlich bis zur Oos geführt hat. Die archäologischen Befunde in den Soldatenbädern haben gezeigt, dass diese mehrfach umgebaut wurden und aufwändig ausgestattet waren. Man darf davon ausgehen, dass die reinen Badeanlagen durch weitere Räume ergänzt wurden, in denen man der Ruhe pflegen oder Gymnastik betreiben, sich einer Massage unterziehen oder andere Anwendungen in Anspruch nehmen konnte. Das 1. bis 3. Jahrhundert war durch diesen lebhaften Kurbetrieb geprägt - vor allem die Soldaten der *Legio III Augusta,* die in Straßburg stationiert war, haben die Heilbäder in *Aquae* regelmäßig aufgesucht.

Badenweiler, FR

Anfahrt: Über die L 131 von Müllheim nach Badenweiler. Vor dem Ort Parkmöglichkeit. Kurpark mit Badruine auch erreichbar mit der **SWEG-Buslinie Nr. 111** von „Bahnhof Müllheim" bis „Badenweiler, Ev. Kirche".

Römisches Thermalbad

„Größte und kostbarste Ruine in Deutschland"

Noch ist dieses faszinierende Denkmal eine Großbaustelle: In diesem Jahr wird der neue Schutzbau fertiggestellt sein; die Eröffnung der gesamten Anlage, die umfassend saniert werden muss, kann dagegen erst im Jahr 2002 gefeiert werden.

Als 1784 die Überreste einer doppelsymmetrisch angelegten Thermenanlage ans Tageslicht kamen, beschreibt sie Freiherr Wilhelm v. Edelsheim als „vermutlich die größte und kostbarste Ruine aus römischen Gebäuden, die in Deutschland entdeckt worden sind". Tatsächlich sind Grundriss, Aufteilung und Ausstattung dieses Thermalbades auch im Vergleich mit ähnlichen Anlagen des Römischen Reiches einmalig. Die rund 26 °C warme Quelle, die etwa bei den heutigen Cassiopeia-Thermen austrat, wurde allerdings schon vor der Errichtung dieses beeindruckenden Baukörpers genutzt, dessen Konstruktion zunächst weiträumige Terrassierungen des Geländes erforderte.

Durch mehrere Umbauten und Erweiterungen gewann die ursprüngliche Anlage einen außerordentlich repräsentativen Charakter. Noch heute sind die Mauern des etwa 65 m × 34 m großen Bades bis zu 2 m hoch über den Fundamenten erhalten. Die Wände waren verputzt und bemalt bzw. mit geschliffenen Kalksteinplatten verblendet.

Die Ruine vor der Errichtung des Schutzdachs.

Baden, kuren, entspannen

Vier große, mit Stufen versehene Badebecken bilden das Zentrum der Anlage, die von Tonnengewölben überdeckt war. Eine von Nord nach Süd ziehende Mauerachse zwischen den beiden mittleren Becken unterteilt zwei spiegelbildlich angelegte Raumfluchten in ei-

Die Rekonstruktion zeigt den ersten prachtvollen Thermenbau.

nen östlichen und einen westlichen Komplex, die jeweils durch einen eigenen Eingangsbereich zu betreten waren. Rechts und links der Zugänge lagen die Umkleideräume, von denen man über vier Stufen in die mit Apsiden und Nischen ausgestatteten Außenbecken gelangte. Keines der Bassins war beheizt, so dass man davon ausgehen kann, dass das über Rohrleitungen hineingeleitete Thermalwasser den Badegästen warm genug schien. An zahlreichen Stellen wurden in den Mauern viereckige oder runde Nischen freigelassen, die wohl speziellen Einzelanwendungen bei der Kurbehandlung dienten. Der nördlich der mittleren Bassins gelegene Raumtrakt war zunächst nicht mit dem eigentlichen Badebereich verbunden; vielleicht handelte es sich um eine Trink- und Wandelhalle. Später hat man diese umgebaut und Zugänge zu den inneren Bädern geschaffen. Den mittleren Raum, dessen südliche, halbrunde Apsis auf eine sakrale Nutzung deutet, wärmte eine Kesselheizung. Die ihn flankierenden Räume erhielten ein Hypokaustum und wurden zu Schwitzräumen. In den angrenzenden runden Kaltwasserbecken konnte man sich wieder abkühlen. Gemauerte Kanäle bzw. Bleirohre, z. T. heute sichtbar, führten nicht nur das Brauchwasser aus dem Badegebäude ab, sondern leiteten auch das vom Hang her eindringende Regenwasser nach außen. Aus der reich gegliederten Südfassade des Thermalbades ragt in der Mitte eine kleine rechteckige Nische hervor, in der wohl der im westlichen Vorraum geborgene Altar der *Diana Abnoba* gestanden hatte. Dieser Schutzgöttin des Schwarzwaldes war sicherlich auch das Heilbad geweiht.

Klassischer Tempel

Wer kennt nicht die klassischen Tempel Griechenlands, Siziliens und Roms, über deren massivem Unterbau, dem Podium, mächtige Säulen und Giebel in den Himmel ragen?
Offenbar wurde auch in Badenweiler ein solch gewaltiges Heiligtum errichtet. Östlich der evangelischen Kirche fanden sich 1995 römische Baureste, die bereits in einem alten Plan verzeichnet waren. Die archäologische Sondage, 1998 auch innerhalb der Kirche im Zuge von Baumaßnahmen durchgeführt, konnte diesen z. T. korrigieren und brachte verblüffende Befunde zum Charakter der römischen Strukturen. Die Anlage wies mindestens vier Bauphasen auf. Anstelle des ältesten Gebäudes war ein großer, an der nördlichen Seite 30 m langer Bau über mehreren Gewölbekammern errichtet worden, der später erneut umgebaut und erweitert worden war. Die bisherigen Gesamtbefunde sowie die außerordentliche Qualität der Ausführung deuten auf einen, in Baden-Württemberg bisher einzigen Podiumstempel des klassischen Typs.

Blaubeuren, UL

Anfahrt: Über die A8 Stuttgart–Ulm, Ausfahrt Merklingen, über Machtolsheim und Berghülen bis Blaubeuren. Von hier aus entweder mit dem Auto, zu Fuß oder per Rad über die B492 bzw. auf den parallelen Wegen Richtung Schelklingen.

Städtchen mit (Ur)Geschichte

Blaubeuren, eine der schönsten ehemaligen Oberamtsstädte Württembergs, ist nicht nur berühmt wegen des Blautopfs und der schönen Lau, nicht nur wegen seines von Ulmer Künstlern geschaffenen spätgotischen Hochaltars in der Klosterkirche, sondern auch wegen der zahlreichen Höhlen und Abris seiner Umgebung. Die meisten liegen rechts und links der Straße nach Schelklingen an den Hängen des Achtales und bilden noch heute eine einzigartige Kulisse für den Besucher, der zwar eine seit Jahrtausenden durch den Menschen umgeformte Landschaft vorfindet, sich aber an den Rast- und Lagerplätzen der Eiszeitjäger selbst fast mühelos ein Bild von den Lebensbedingungen des Menschen im Jungpaläolithikum schaffen kann. Bevor man aber die beeindruckenden Geländedenkmale aufsucht, sei unbedingt ein Besuch im Urgeschichtlichen Museum der Stadt Blaubeuren empfohlen.

Familienleben auf dem Höhlenvorplatz des Geißenklösterle. Diorama im Museum.

Urgeschichtliches Museum Blaubeuren

Karlstr. 21, 89143 Blaubeuren
Tel. 07344/921030, Fax: 921052
E-Mail: urmu-blb@web.de;
http://www.blaubeuren.de
Öffnungszeiten:
1. April bis 31. Oktober: Di–Fr 10–16 Uhr; Sa, So und Fei. 10–17 Uhr
1. November bis 31. März: So 10–17 Uhr und nach Vereinbarung
Führungen nur nach Vereinbarung

Das Museum befindet sich im ehemaligen Hospital der Stadt und beherbergt nicht nur die materiellen Zeugnisse des Menschen in der Eiszeit und Nacheiszeit, sondern stellt diese auf höchst anschauliche Weise in den Zusammenhang geomorphologischer, wirtschaftlich-sozialer, technischer und kultureller Entwicklungen vom Beginn der Menschheitsgeschichte bis zum Anfang bäuerlicher Kulturen in der Jungsteinzeit. Es bietet darüber hinaus Sonderausstellungen, Vorführungen steinzeitlicher Techniken zur Artefaktherstellung und Aktionstage, bei denen man sogar in einer Höhle übernachten kann!

Höhlen – Tresore der Eiszeit

Schon im letzten Jahrhundert galt das Interesse der Forschung diesen unersetzlichen Fundplätzen vor allem aus dem Jungpleistozän, d.h. dem Abschnitt der letzten Eiszeit. Zunächst richtete sich das Interesse allerdings auf die Reste der eiszeitlichen Fauna, wie etwa Höhlenbär, Wollnashorn, Wildpferd und Mammut, zog man doch die Existenz des Menschen in dieser Epoche vor etwa 32000 Jahren noch gar nicht in Betracht. Erst die Ergebnisse der Ausgrabungen an der Schussenquelle durch O. Fraas führten zu der Schlussfolgerung, dass die Landschaften Südwestdeutschlands gleichzeitig Raum und Nahrung für Mensch und Tier geboten haben mussten. Denn ebenso zahlreich wie die fossilen Tierreste waren die Hinterlassenschaften der eiszeitlichen Jäger und Sammler, die sich in den Höhlen über Jahrtausende

Aus Hunderten von Splittern zusammengesetzt: das Elfenbeinmammut aus dem Geißenklösterle.

hinweg erhalten hatten: Feuersteinwerkzeuge, Geräte und Waffen aus Knochen, aber auch Schmuckstücke und Kleinplastiken aus Mammutelfenbein.
Höhlen sind seit jeher „Sedimentfallen" – weitgehend erosionsgeschützt, durch Decken- und Wandversturz zusätzlich Kulturhorizonte überdeckend, werden sie zu Tresoren der Eiszeit.
Inzwischen ist die Stratigrafie der Kulturabfolgen der Höhlen und Felsüberhänge mit modernsten archäologischen Methoden bestens erforscht; die noch

andauernden interdisziplinären Untersuchungen vervollständigen nicht nur die Kenntnis von der materiellen Ausstattung der Eiszeitjäger, sondern auch vom Umgang mit ihrem Lebensraum, von klimatischen Veränderungen und der Nutzung natürlicher Ressourcen. Dass aber das Leben in der letzten Eiszeit weit über die Befriedigung der Grundbedürfnisse hinaus ging, zeigen u. a. die hervorragend gearbeiteten Tier- und Menschenplastiken aus Elfenbein vom Vogelherd und dem Hohlensteinstadel (Lonetal) sowie aus dem Geißenklösterle bei Blaubeuren: Es sind dies mit die ältesten Kunstwerke des Menschen überhaupt.

Die Brillenhöhle

Wohnraum und Speisekammer

Die Höhle, die ihren Namen zwei großen Durchbrüchen in der Decke verdankt, die wie zwei Brillengläser das Licht ins Innere schicken, liegt rechts der Straße Blaubeuren-Weiler im so genannten Felsenlabyrinth auf dem Weg zur Günzelburg und ist auf einem schmalen Pfad zu erreichen.
Der Eingang ist verhältnismäßig klein, nach einem schmalen Tunnel aber öffnet sich die prächtige Halle dieser großen Kuppelhöhle. Die Ausgrabungen erbrachten eine Fülle sorgfältig bearbeiteter Silexwerkzeuge aus allen Kulturschichten. Vor allem in den jüngeren Phasen nehmen die Knochengeräte mehr und mehr zu: Pfrieme und Geschoss-Spitzen, Glätter, gekerbte Stäbe, Nähnadeln, Harpunen und zahlreiche

Zurückversetzt in kalte Zeiten: Blick aus der Brillenhöhle.

tropfenförmige durchbohrte Schmuckanhänger aus Mammutelfenbein.
Die außergewöhnlichste Entdeckung in der Brillenhöhle aber ist der Nachweis zweier Steineinbauten. Ein 6 m × 5 m großes Steingehäuse wurde in der Nordostecke gegen die Wand der Höhlenhalle aus Kalkblöcken aufgebaut und bot den Jägern hervorragenden Schutz vor unerwünschten Eindringlingen, aber auch vor der Kälte des weiten Höhlenraumes, liegt es doch an der auch heute noch trockensten Stelle. Über die Höhe des Einbaus wissen wir nichts, sicher aber war er mit Tierhäuten wie ein Zelt abgedeckt. Zudem wurde das Steinhaus an mehreren Stellen beheizt, wie die Knochenhohle der Feuerstellen zeigte.
Das zweite, kleinere Steinhaus dagegen steht frei im Zentrum der Höhle und besitzt einen nach Osten sich öffnenden Eingang. Es war unbeheizt und lässt den Schluss zu, dass es sich um eine Art Vorratskammer für das Fleisch der Jagdbeute handelte. Gejagt worden sind vor allem Ren, Wildpferd und Gämse, nach einer Klimaverschlechterung auch Schneehuhn und -hase. Die zahlreichen Höhlenbärenknochen da-

gegen stammen nicht von der Jagd. Wahrscheinlich nutzten die Jäger die Brillenhöhle als Rast- und Lagerstätte nur in den Sommermonaten, in der kälteren Jahreszeit diente sie den Bären als Unterschlupf und Winterquartier.
Die Höhle wurde ausschließlich im Jungpaläolithikum begangen - ältere und jüngere Kulturschichten fehlen.

Das Geißenklösterle

Die Höhle der Künstler

Hinter einer großen, an die Ruinen eines alten Klosters erinnernden Felsengruppe liegt das Geißenklösterle etwa 50 m über der heutigen Talsohle östlich der Bahnlinie links der Straße Blaubeuren-Schelklingen. Die Höhle erreicht man am bequemsten über den parallel zur Ach verlaufenden Weg zunächst in nördlicher Richtung. Der Weg

Menschliche Figur in Adorantenhaltung.

macht dann eine Kehre nach Süden und gibt nach wenigen hundert Metern den Blick links auf den Höhleneingang frei.
Das Landesdenkmalamt Baden-Württemberg und die Universität Tübingen haben hier seit den Siebzigerjahren umfangreiche Untersuchungen durchgeführt, und so gilt diese bedeutende Höhlenstation im Achtal als eine der besterforschten auf der Schwäbischen Alb.
Das Geißenklösterle ist wohl schon zu Zeiten des Neandertalers aufgesucht worden, die reichsten Funde aber stammen aus den jüngeren Kulturschichten der Würm-Eiszeit und belegen mit ihrem vielfältigen Formenspektrum der Stein- und Knochengeräte den hohen technischen Standard der Jägergruppen, die sich immer besser den Bedingungen ihrer Umwelt anzupassen wussten.
Von überragender Bedeutung sind aber die kleinen Elfenbeinfiguren, die hier geborgen wurden: ein Mammut, das aus vielen hunderten Elfenbeinplättchen zusammengesetzt werden musste; ein Bison, ein aufrecht stehender Höhlenbär und das Flachrelief einer menschlichen Gestalt in Adorantenhaltung. Welche geistigen Vorstellungen, welches Bewusstsein sich mit der Schöpfung dieser Statuetten verband, wird nie entschlüsselt werden können. Dass aber künstlerisches Schaffen durchaus Bestandteil des Lebens war, sieht man an diesen eindrucksvollen Beispielen. Dazu passt auch der Fund einer kleinen Flöte aus einem Vogelknochen sowie bemalte Kalksteinfragmente, die nahe legen, dass zumindest ein Teil der Höhlenwände verziert war.
Leider ist die Höhle nicht zu begehen - ein Eisengitter verschließt den Ein-

Schroff erheben sich die Kalkfelsen des Hohlefels bei Schelklingen.

gang. Die Maßnahme war notwendig geworden, nachdem sich immer wieder Raubgräber im Inneren zu schaffen gemacht hatten, deren Interesse sich lediglich auf besonders wertvolle Stücke richtete, nicht aber auf jeden noch so unbedeutend erscheinenden Hinweis, der erst und ausschließlich im Zusammenhang mit dem Gesamtbefund und der wissenschaftlichen Auswertung eines solchen Siedlungsplatzes zur „lesbaren" Geschichtsquelle wird.

Der Hohlefels

Prächtig aber unwirtlich

Diese große Wohnhöhle liegt auf der gleichen Talseite wie das Geißenklösterle. Der Weg führt im Tal in südwestliche Richtung und man gelangt nach etwa 2 km zum Eingang des Hohlefels. Auch dieser Fundplatz wurde schon im 19. Jahrhundert untersucht, wobei vor allem zahlreiche Knochenreste eiszeitlicher Fauna geborgen wurden. Weitere Ausgrabungen im Höhleninneren zeigten, dass der Hohlefels erst in einer sehr späten Phase der Würm-Eiszeit begangen wurde. Noch heute ist es außergewöhnlich feucht im Inneren und im Bereich des Eingangs sogar empfindlich kalt. Es waren wohl kleinere Gruppen, die diese Höhle deshalb nur für kurze Zeit, dafür aber recht häufig nutzten, ihre Beute hineinbrachten und Lagerfeuer entfachten. Auch aus dieser Höhle stammen Fragmente von Elfenbeinfigürchen und Kalksteinbruchstücke mit rotfarbigen Punktreihen, die vielleicht von einer Wandbemalung stammen.

Bekannt ist, dass in diesem späten Abschnitt der letzten Eiszeit nun eher kleinere Tiere bejagt werden: dem Ren als dem größten folgen Fuchs, Hase, Vögel und Fische.

Der Hohlefels stellt eine der beeindruckendsten Höhlen im Achtal dar. Wie eine Theaterkulisse bildet die rückwärtige Höhlenwand den Abschluss der domartigen Halle, und verschiedene Rampen und Galerien, über die man in die höher gelegenen Bereiche gelangt, eröffnen immer wieder neue Blickwinkel auf das faszinierende Spiel von Licht und Schatten im Fels.

WANDERWEG Bopfingen, AA

Ipf und Goldberg mit archäologischen Wanderwegen und Museen

Anfahrt: Über die B 29 aus Richtung Aalen nach Bopfingen, hier rechts in die Stadtmitte, zum Seelhaus (Beschilderung): **Erste Station des Ipfwanderwegs (A).**

Auf den Spuren der Vor- und Frühgeschichte

Zwei charakteristische Erhebungen prägen die wellige Hügellandschaft am Westrand des Nördlinger Rieses: Der mächtige Kegelstumpf des 668 m hohen Ipf und der kleinere, nur 60 m hohe Goldberg. Auf beiden Kuppen lagen bedeutende vorgeschichtliche Siedlungen, zu denen weitere Niederlassungen, Grabhügelnekropolen und Viereckschanzen in der Umgebung gehörten. In römischer Zeit spielte vor allem die heutige Gemeinde Oberdorf mit ihrem antiken Kastell Opie eine bedeutende Rolle.
Die überaus reiche Fundlandschaft und die hervorragenden Ergebnisse landesarchäologischer Forschung waren Ausgangspunkt für die Einrichtung zweier ausgedehnter archäologischer Wanderwege, die, mit anschaulichen Hinweistafeln versehen, die wichtigsten Kulturdenkmale im Umfeld der beiden Höhensiedlungen auf Ipf und Goldberg berühren. Diese Wege, mit dem Logo einer stilisierten keltischen Münze gekennzeichnet, werden im Folgenden kurz mit ihren jeweiligen Stationen erwähnt. Ausführlicher dagegen sollen die beiden Hauptdenkmale gewürdigt werden, der Ipf bei Bopfingen (Station 5 a bis c) und der Goldberg bei Riesbürg-Goldburghausen (Station 11 a und b). Ausgangspunkt des Ipfweges (A) ist **Station 1:**

Museum im Seelhaus

Spitalplatz 1, 73441 Bopfingen
Auskünfte: Stadtverwaltung Bopfingen, Tel. 07362/8010 od. 801029, Fax 80150
E-Mail: info.@Bopfingen.de;
http://www.bopfingen.de

Öffnungszeiten: 1. April bis 31. Oktober: Sa 14–16 Uhr, So 14–17 Uhr
1. November bis 31. März: So 14–17 Uhr

Über den stadtgeschichtlichen Sammlungen befindet sich die lohnende vor- und frühgeschichtliche Abteilung mit drei besonderen Schwerpunkten: der Ipf, das römische Oberdorf und der alamannische Friedhof von Bopfingen.

Station 2:
Oberdorf. Informationstafel zum römischen Kastell Opie und der dazugehörenden Zivilsiedlung.

Station 3:
Meisterstall. Die hallstattzeitliche Nekropole im Wald „Buckeleshau“ mit knapp 40 gut erhaltenen Grabhügeln.

Station 4:
Kirchheim-Jagstheim: Fast vollständig erhaltene spätkeltische Viereckschanze.

Itzingen
Wössingen
N
Röhlinger Sechta
Jagst-
heim
Dirgenheim
Benzen-
zimmern
Edelmühle
Nördlinger Ries
3
4
Meister-
stall
13
Ipf-
Wanderweg
Kirchheim
am Ries
12
14
10
5c
M
A
15
Kalkofen
Goldburg-
hausen
2
Ipf
5b
5a
Osterholz
Ober-
dorf
Heerhof
11b
11a
16
1
A
M
Bopfingen
Goldberg
Goldbach
Goldberg-
Wanderweg
19
B 29
6
Flochberg
Pflaumloch
7
Riesbürg
Schloßberg
Eger
Trochtel-
fingen
8
B 29
Näher-
memmingen
9
Walkmühle
Dorfen
Utzmemmingen
Härtsfeldhausen
Röhrbach
18
17
Härtsfeld
Altenbürg
B 466
0
2 km

Deutlich erkennt man die Wallanlagen am Osthang des mächtigen Zeugenbergs.

Station 5a–c:

Der Ipf – das Rätsel ist noch nicht gelöst

Der imposante Zeugenberg beherrscht eindrucksvoll die Landschaft am westlichen Rand des Nördlinger Rieses. Schon früh hat er die Menschen angezogen. Von der Jungsteinzeit bis zur römischen Kaiserzeit haben sie den Berg immer wieder begangen und besiedelt. Vor allem in der Spätbronze-, der Hallstatt- und Latènezeit muss hier reges Leben geherrscht haben. Wann aber genau die riesigen Wälle um die Gipfelfläche und vor allem quer zur flachen Ostflanke erbaut wurden, ist derzeit nicht eindeutig zu beantworten. Zweifellos gehören sie in prähistorische Epochen, sind aber sicher nicht gleichzeitig entstanden. Eine kleine archäologische Untersuchung im Bereich des äußeren Wallstücks am Fuß des Osthangs hat eine Pfostenschlitzmauer ergeben, eine Konstruktionsweise, die in den späten Abschnitt der keltischen Latènekultur zu gehören scheint. Auch der oberste Ringwall bestand aus einer Trockenmauer mit Holzeinbauten. Die Untersuchungen am mittleren Wall der Ostflanke zeigen ein ähnliches Bauprinzip mit Steinpackungen, die zwischen ein hölzernes Rahmenwerk geschichtet waren. Diese Art von Wallanlagen ist von der Urnenfelder- bis zur Keltenzeit gebräuchlich. Welche Rolle der Berg in vorgeschichtlicher Zeit spielte, welche Funktion er als Zentrum gegenüber dem nahen und weiteren Umland erfüllte, ist allein durch die geborgenen Funde nur ausschnitthaft zu beleuchten. Während eindeutige Stücke aus der frühen Hallstattzeit (8.–7. Jahrhundert v. Chr.) fehlen, sind für die zwei folgenden Jahrhunderte Fibeln, Keramik, Glas und die Scherbe eines attischen, schwarzgefirnissten Gefäßes nachgewiesen. Dieses gelangte zweifelsfrei als Import aus Griechenland auf den Ipf. Da die einen Fürstensitz der Späthallstattzeit charakterisierenden Befunde fehlen, wie etwa stattliche Grabhügel in Sichtweite des Berges, oder die auffällige Häufung importierter Luxusgüter sowie eindeutige Siedlungsstrukturen, scheint er als ein solches Machtzentrum nicht in Betracht zu kommen.

Handelsstandort Ipf?

Der Ipf kann aber auch kein spätkeltisches *oppidum* gewesen sein. Neuere Untersuchungen haben gezeigt, dass die charakteristische Pfostenschlitzmauer, wie sie im äußeren Wall entdeckt wurde, auch in früheren und sogar mittelalterlichen Zusammenhängen auftaucht.

Das Tor bei diesem Wall, durch das auch der moderne Weg zum Gipfel führt, ist kein Zangentor, wie es für diese stadtähnlichen Anlagen bezeichnend ist (s. Heidengraben und Creglingen-Finsterlohr), sondern ein einfacher Durchgang mit einer Torgasse, die man auch aus anderen Höhenbefestigungen kennt.

Bedingt durch seine günstige Lage über der Verkehrsverbindung zwischen dem nach Osten ziehenden Tal der Eger und dem Zugang zum Härtsfeld im Süden - beste Bedingungen für den Austausch von Gütern und Dienstleistungen - wird aber der Ipf möglicherweise ein wichtiger Handelsstandort gewesen sein.

Wälle, Gräben und Gruben

Der heutige Weg, der von Osten her auf den Gipfel des Berges führt und durch das erwähnte Tor im Außenwall verläuft, entspricht sicher dem alten Zugang. Während diese äußere Befestigung links des Wegs nur noch als flache Stufe im Gelände erkennbar ist, beeindruckt sie mit vorgelagertem Graben auf der rechten Seite durch ihre beachtliche Höhe und gute Erhaltung. Dieser äußere Wall zieht sich hangaufwärts, vorbei an einer innen liegenden Trichtergrube, einer Zisterne, im Volksmund „Löffel“ genannt, und wieder hinab zum nördlichen Bergfuß, wo er mit einem kleinen Wallstück zusammentrifft, das von der Nordseite der Kuppe abwärts geführt ist und eine weitere Zisterne, die sog. „Pfanne“ umschließt. Folgt man dem Weg nach oben, so

Ein gewaltiger Randwall umschließt das Gipfelplateau des Ipf.

passiert man einen zweiten Durchlass in einem wiederum auf der rechten Seite gut sichtbaren Zwischenwall, der sich zungenförmig nach Osten schiebt. Der etwa 50 m höher gelegene, äußere Ringwall ist nur schwach auszumachen. Umso mächtiger erscheint dagegen der Abschnittswall, der die Hochfläche gegen den flach auslaufenden Osthang zusätzlich sperrte. Die oberste ringförmige Befestigung, die das eigentliche Siedlungszentrum auf der bis zu 185 m weiten Bergkuppe umgibt, ist stark verflacht und nur wenig höher als die Innenfläche. Wahrscheinlich bestand dieser Wall schon in der späten Bronzezeit und wurde von den folgenden Siedlern weiter ausgebaut. Da die innerhalb der Wallanlagen ausgehobenen Brunnen oder Zisternen („Pfanne" und „Löffel") offenbar nur zu bestimmten Zeiten Wasser führten, hatte man später am Nordwesthang des Berges eine weitere Zisterne, den so genannten „Kessel" angelegt, sie aber nicht mehr in ein Befestigungssystem miteinbezogen. Die Gipfelfläche des Ipf gewährt eine herrliche Aussicht auf die Schwäbische Alb, das Ries und die Fränkische Alb. Bei guten Lichtverhältnissen kann man auch den im Osten zwischen den Orten Goldburghausen und Pflaumloch gelegenen flachen Kegelstumpf des Goldbergs ausmachen.

Das Umland – von der Eisenzeit zum Mittelalter

Station 6:
Flochberg. Mauerreste und Turmruine einer staufischen Burg des 12. Jahrhunderts.

Station 7:
Flochberg. Industriegebiet Süd-Ost. Informationstafel zu keltischen Siedlungen und Viereckschanze.

Station 8 a und b:
Trochtelfingen. Erläuterungen zu einer eisenzeitlichen Grabhügelgruppe und einem großen hallstattzeitlichen Brandgräberfeld. Informationen zu der 1990 ausgegrabenen römischen Straßenstation mit Herberge, Bad, einem Heiligtum, Ställen und Wirtschaftsgebäuden.

Station 9:
Trochtelfingen. Mittelalterliche Burgställe und das Stolch'sche Wasserschlösschen.
Hier endet der 20 km lange Ipfweg.

Der Goldbergweg (B) beginnt mit **Station 10:**

Goldbergmuseum

Ostalbstraße 31, 73469 Riesbürg-Goldburghausen
Auskünfte: Gemeindeverwaltung Riesbürg in Pflaumloch,
Tel. 09081/29350, Fax 293520
E-Mail: Gemeinde@Riesbuerg.de

Öffnungszeiten: 1. April bis 31. Oktober:
So und Fei. 14–17 Uhr
und nach Vereinbarung unter
Tel. 09081/79223 (Herr K. Groß).

Das Goldbergmuseum ist ein kleines, aber bemerkenswertes Museum mit anschaulichen Rekonstruktionen und Modellen zur Besiedlungsgeschichte und archäologischen Erforschung des Goldbergs.

Station 11 a und b:

Der Goldberg – Brennpunkt der Forschung

Die planmäßigen Ausgrabungen auf dem Plateau des Goldbergs durch Gerhard Bersu in den Jahren 1911–1929 sollten richtungsweisend für die süddeutsche Siedlungsforschung werden. Der Name des Bergs bezieht sich auf den goldgelben Wasserkalkstein, aus dem er besteht. Leider wurde dieser Sprudelkalk jahrzehntelang in Steinbrüchen abgebaut, die nicht nur die Gesamtfläche des Plateaus verkleinerten, die heute nur noch 4 ha beträgt, sondern auch die archäologischen Befunde stark in Mitleidenschaft zogen. Dennoch gelang es Bersu, insgesamt fünf Siedlungsphasen auf der Hochfläche nachzuweisen.

Östlich des Ipf liegt der kleinere Goldberg, der zu fast allen Zeiten besiedelt war.

Zu allen Zeiten aufgesucht

Vom Parkplatz mit einer Informationstafel südlich von Goldburghausen an der K 3305 führt der Weg am südlichen Hügelfuß entlang und in einem kleinen Stichweg nach oben. Die ersten drei Siedlungen auf dem Goldberg datieren in die Jungsteinzeit. Im 5. Jahrtausend v. Chr. wird im Ostteil des Plateaus ein Dorf mit knapp 20 Häusern in Pfostenbauweise angelegt und eine kleine Holzpalisade an der Westseite errichtet. Diesem Dorf folgt im 4. Jahrtausend v. Chr. eine größere, mit Wall und Graben befestigte Niederlassung der Michelsberger Kultur. In der Verfüllung des Grabens vor dem Wall lagen, wie auch aus anderen Erdwerken dieser Zeit bekannt, zahlreiche Teile menschlicher Skelette. Nach 2500 v. Chr. entsteht das letzte jungsteinzeitliche Dorf auf dem Goldberg mit über 50 kleinen, leicht gebauten Häusern, die nicht mit Lehm verputzt waren. Dann bricht die kontinuierliche Besiedlung auf dem Berg ab, bis er im 7./6. Jahrhundert v. Chr. erneut aufgesucht wird. Die Verteilung der Gebäude lässt jetzt eine deutlich differenzierte soziale Gliederung innerhalb des befestigten Siedlungsareals erkennen: Ein eigener Gebäudekomplex war von den übrigen Wohn- und Wirtschaftsbereichen durch eine Palisade getrennt. Hier wird der Sitz des „Burgherrn" vermutet. In der beginnenden Latènezeit des 6.–5. Jahrhunderts v. Chr. verkleinert sich der Siedlungsraum. Der von einem Graben und einer Holz-Erde-Mauer umfriedete Bezirk hat nur wenigen Menschen Platz geboten. Weitere Funde und Befunde der letzten, bis zum 7. nachchristlichen

Rekonstruierter Webstuhl im Goldbergmuseum.

Jahrhundert andauernden, aber immer wieder unterbrochenen Siedeltätigkeit auf dem Goldberg stammen aus der römischen Kaiserzeit sowie aus der alamannischen und schließlich spätmerowingerzeitlichen Periode. Von all diesen unterschiedlichen Siedlungsformen ist heute nichts mehr sichtbar. Ein Sich-Hineinversetzen in die Vergangenheit wird auf dem geschichtsträchtigen Berg dennoch nicht schwer fallen.

30 000 Jahre Kulturgeschichte

Station 12:
Kirchheim/Ries. Frühgotische Martinskapelle mit römischem Altar.

Station 13:
Kirchheim/Ries. Informationstafel zum alamannischen Reihengräberfriedhof bei der Schule. Das ehemals in der Schule untergebrachte Alamannen-Museum ist aufgelöst, die endgültige Unterbringung der Funde noch nicht geklärt.

Station 14:
Kirchheim/Ries. Das ehemalige Kloster der Zisterzienserinnen.

Station 15:
Wanderparkplatz „Riesblick“. Erläuterungstafel zur vorgeschichtlichen und römischen Besiedlung im Ries.

Station 16:
Heerhof. Großer Grabhügel aus vorgeschichtlicher Zeit im Gewann „Osterhölzle“.

Station 17:
Holheim. Der rekonstruierte römische Gutshof.

Station 18:
Holheim. Die Ofnet-Höhlen im „Himmelreich“.

Station 19:
Pflaumloch. Informationstafel zur spätbronzezeitlichen Siedlung.

Die beiden archälogischen Wanderwege um Ipf und Goldberg erschließen dem Besucher, vor allem, wenn er zu Fuß oder per Rad unterwegs ist, in anschaulicher Weise zahlreiche Aspekte der über 30 000 Jahre alten Kulturgeschichte des Menschen am Rand des Rieses. Dass sie zudem durch eine der schönsten Landschaften des östlichen Baden-Württemberg führen, verleiht ihnen zusätzlichen Reiz.

Brackenheim-Hausen an der Zaber, HN

Anfahrt: Über die B 27 Richtung Heilbronn, Abfahrt Lauffen a. N., dann links auf die L 1103. Nach der Ortsausfahrt Lauffen rechts auf der K 2074 nach Hausen a. d. Z. Im Ort die Neckarstraße entlang bis zur Turmstraße rechts. Links in die Nordhausener Straße einbiegen bis zum Parkplatz rechts (Turn- und Festhalle). Hier steht die Nachbildung der Säule.

Jupitergigantensäule

Dank und Bitte an den Höchsten

Die fast vollständig erhaltenen Fragmente einer von zwei in einem Gutshof auf der Flur „Steinäcker"(!) geborgenen Jupitergigantensäulen wurden ergänzt und als Kopie unweit des Fundortes aufgestellt. Vermutlich stand auf fast jedem „besseren" römischen Gutshof, der eine gewisse Größe besaß, mindestens eine so genannte Jupitergigantensäule. Diese Denkmale wurden von den Besitzern eines Landgutes vor allem als Zeichen des Dankes für gute Ernten und damit wirtschaftlichen Wohlstand aufgestellt. Gleichzeitig sollten sie Schutz vor Hagelschlag, Gewitter und Sturm gewährleisten. Die Ikonografie dieser Bildwerke scheint festgelegt: Auf einem stufenförmigen Unterbau erhob sich die in mehrere Segmente gegliederte Säule, die eine Gesamthöhe von etwa 8 m erreichte. Über der getreppten Basisplatte steht der Viergötterstein: Die Frontseite, dem Jupiter geweiht, zeigt in einem Eichenblätterkranz die Weihung durch den Stifter Connougus, einen Kelten mit römischem Bürgerrecht, dem der Gutshof gehörte. Die drei weiteren Seiten zeigen von links nach rechts: Apollo mit Köcher, Pfeil und Bogen; die Jagdgöttin Diana mit halbhohen Stiefeln, ebenfalls mit Pfeil und Bogen, einen Jagdhund zur Seite; Venus mit Zepter und den bärtigen Vulcanus mit Hammer, Schmiedezange und Amboss. Auf diesen Vierkantblock ist die achtkantige Trommel des Wochengöttersteins aufgesetzt. Das Relief der Siegesgöttin Viktoria wird von den Büsten der sieben Wochengötter umgeben: Von links nach rechts erscheint neben ihr zunächst der vollbärtige Saturn für den Samstag, gefolgt von Sol mit der Sonnenscheibe für den Sonntag. Der Montag ist durch Luna gekennzeichnet. Sie trägt die Hörner des Sichelmondes über ihrem Kopf. Der jugendliche Kriegsgott Mars steht für den Dienstag, der Jüngling Merkur für den Mittwoch. Der Donnerstag gehört dem bärtigen Jupiter, der Freitag schließlich der lieblichen Venus. Darüber erhebt sich der aus sechs Trommeln unterschiedlicher Höhe zusammengesetzte Säulenschaft, der mit Eichenblättern verziert ist. Er endet in einem Kapitell aus Akanthusblättern, aus denen die Büsten der Vier Jahreszeiten hervorschauen: Der Frühling mit einem Kranz aus Blüten, der Sommer mit Ähren, der Herbst mit Äpfeln und der sich in einen Mantel hüllende Winter. Die Säule wird von der namengebenden Szene bekrönt: Jupiter reitet

mit wehendem Mantel, in der Rechten den Blitz schleudernd, den Giganten nieder. Die Säule war, wie Farbreste beweisen, farbig gefasst.
Im Verlauf der Alamanneneinfälle des 3. Jahrhunderts wurde auch der Gutshof ein Opfer der Zerstörung. Die Säule wurde gestürzt, zertrümmert und die Bruchstücke achtlos in eine Grube geworfen. Die Jupitergigantensäule in Hausen an der Zaber, heute freistehend, vermittelt einen unvergesslichen Eindruck dieser großartigen Denkmalgattung.

Buch siehe **Rainau**

Die prachtvolle Jupitergigantensäule.

Buchen-Hettingen, MOS

Anfahrt: Über die A81 Heilbronn–Würzburg, Ausfahrt Osterburken. Von Osterburken Richtung Walldürn. Ca. 5 km nach der Ortsdurchfahrt Rinschheim links im Wald nach Hettingen abbiegen. In Hettingen nach der Kirche rechts abbiegen, nach 3 km großer Wanderparkplatz mit Grill- und Spielplatz. Oberhalb des Grillplatzes trifft man auf das Kleinkastell.

Römisches Kleinkastell „Hönehaus" und Limes mit Wachturm

Widmung an die „Glücklichen Zufälle"

Auf einem Sporn des Rehbergs liegen die konservierten Reste eines 41 m×47 m großen Kleinkastells innerhalb einer knapp 1 m breiten Umfassungsmauer aus Muschelkalksteinen. Diese war von je einem Tor mit rechtwinklig einbiegenden Mauerwangen an der West- und Ostseite unterbrochen. Spuren der verbrannten Holzbaracken für die kleine Besatzung des Kastells fanden sich rechts und links des Torweges, der durch das Kastell zieht. Die ausgezeichnete Sicht von dieser Stelle nach Süden und Norden lässt den Schluss zu, dass es auch als Hauptvermessungspunkt am direkt östlich verlaufenden Limes diente. Vermutlich waren einige Soldaten der in Walldürn stationierten Brittonen hierher abkommandiert worden. Dass einer von ihnen nichts dem „unglücklichen" Zufall überlassen wollte, beweist der Fund eines kleinen Votivhäuschens, das an der Nordseite des Kleinkastells aufgestellt war. Die Inschrift erläutert, dass *Quintinius Lector* dieses den *„Bonis Casibus"*, den glücklichen Zufällen, gewidmet hatte. Um die Mitte des 2. Jahrhunderts n. Chr. erbaut, bestand das Kleinkastell bis zur Mitte des 3. nachchristlichen Jahrhunderts. Unter Nr. 25 wurde es in die Besichtigungspunkte an der Deutschen Limesstraße einbezogen. Die ebenfalls konservierten Reste des Limeswachturms WP 8/1 liegen etwas versteckt im Wald hinter dem südlichen Spielplatzrand.

Das Inschriftenhäuschen, das man auf einer Stange befestigen und damit tragen konnte, ist den „glücklichen Zufällen" geweiht.

Das Kleinkastell „Hönehaus" kurz vor der Restaurierung.

Creglingen-Finsterlohr, TBB

Anfahrt: Von Creglingen nach Südosten auf der K 2869 Richtung Archshofen–Finsterlohr–Wolfsbuch. Vor Schonach auf die Straße nach Burgstall.
Nach 700 m rechts und links der Straße die Wälle der südwestlichen Befestigung.
Hier ein Parkplatz mit Informationstafel.

Keltisches *oppidum*

Wälle zum Schutz der Stadt

Auf einem Vorsprung der fränkischen Muschelkalkhochebene liegt, vom Taubertal durch tiefe Schluchten im Norden, Osten und Südosten getrennt, der sog. Burgstall. Der gleichnamige Weiler liegt innerhalb der knapp 5 km langen Umwehrung eines keltischen *oppidums,* das eine etwa 100 ha große Fläche umfasst. Während die südlich und südöstlich von Burgstall gelegenen Festungsmauern im Gelände kaum noch sichtbar sind, ist die Doppelbefestigung aus zwei Wällen mit vorgelagerten Gräben, die von Südosten nach Nordwesten führt und das *oppidum* gegen die Hochebene abriegelt, gut zu erkennen. Vor allem die leicht zugängliche Westseite bedurfte ja des besonderen Schutzes. Auch am nördlichen Ende und am Ostrand des *oppidum*-Bereichs zeichnet sich die Befestigung deutlich ab. Hier ist nur ein einfacher Wall errichtet worden, da das zum Holderbachtal und zur Tauber steil abfallende Gelände weitere Baumaßnahmen unnötig machte. Das einzige Tor in der Nordwestecke liegt am Ende einer nach innen ziehenden 31 m langen Torgasse, die durch die rechtwinklig umbiegenden Wallenden gebildet wird. An ihrem Ende stand der zweiflügelige, um ein begehbares Obergeschoss erhöhte turmartige Torbau, der im Falle eines Angriffs zusätzliche Verteidigungsmöglichkeiten bot. Den ersten beiden Holz-Erde-Wällen folgte der Ausbau in der Technik der charakteristischen Pfostenschlitzmauer. Zwischen in 2 m Abstand eingetiefte Holzpfosten wurde eine Steinpackung aus Trockenmauerwerk gesetzt und nach hinten mit weiteren Balken verankert. Eine von innen schräg aufgeschüttete Erdrampe ermöglichte den Zugang zur Mauerkrone. Ein Stück dieser Pfostenschlitzmauer wurde am „Kirchweg" zwischen Burgstall und Finsterlohr rekonstruiert. Diese Art der Befestigung spätkeltischer *oppida* des 1. Jahrhunderts v. Chr. ist auch am „Heidengraben" auf der Schwäbischen Alb nachgewiesen.

Die Pfostenschlitzmauer war der mächtigen Wallfront vorgesetzt.

Dalkingen siehe Rainau
Degernau siehe Wutöschingen

Eberdingen-Hochdorf an der Enz, LB

Anfahrt: Autobahn A 81 Stuttgart–Heilbronn, Ausfahrt Ludwigsburg-Süd, dann Richtung Schwieberdingen. Hier auf die B 10 Richtung Vaihingen/Enz, nach 5 km links ab nach Hochdorf. Das Keltenmuseum liegt am Ortsanfang rechts (Hinweisschild), der rekonstruierte Grabhügel links der Ortsstraße nach dem Friedhof (Hinweisschild).

Keltischer Fürstengrabhügel, Museum mit Freilichtanlage und Grabhügelgruppe

Archäologische Sensation

Die kleine Gemeinde Hochdorf rückte 1978 überraschend in das Licht der Öffentlichkeit. Der Aufmerksamkeit einer Bürgerin, der die Besonderheit in der Geländeform aufgefallen war, ist eine archäologische Sensation ersten Ranges zu verdanken. Südlich des Ortes lag in einem Acker ein riesiger Grabhügel, der durch landwirtschaftliche Eingriffe und Erosion bereits stark verflacht war. Er barg die unberaubte Bestattung eines 40-jährigen Mannes, der mit allen Zeichen seines hohen Rangs, aber auch mit persönlicher Habe und Gegenständen des täglichen Gebrauchs in einer hölzernen Doppelkammer beigesetzt worden war.

Dieses zum Kreis der Fürstengräber um den Hohenasperg gehörende Prunkgrab lag, wie die übrigen auch, in Sichtweite des Berges. Es ist das bisher älteste in der Umgebung des Fürstensitzes und gehört in die späte Hallstattzeit um 550 v. Chr.

Der Tote, Angehöriger dieser frühkeltischen Adelsschicht, lag, in kostbarste fein gewebte Prunktücher gehüllt, auf einer 2,75 m langen, mit Fellen und Kissen gepolsterten Bronzeliege, die in ihrer Art einmalig in Europa ist. Die Seitenlehnen sind leicht geschwungen und die Rückenlehne ist mit szenischen Darstellungen von Schwerttänzern und Wagenlenkern verziert. Acht Frauenfiguren, die auf eisernen Rädchen befestigt und untereinander mit eisernen Stangen verbunden sind, tragen auf ihren erhobenen Händen die leicht nach hinten geneigte Sitzfläche der so genannten Kline.

Acht solcher Frauenfiguren trugen die Sitzfläche der fahrbaren Kline.

Der Halsreif gehörte zu den Standesabzeichen des Fürsten, der Armreif zu seiner Ausstattung für das Jenseits.

Standeszeichen und Hobby-Zubehör

Zu seiner persönlichen Ausstattung gehörten als Insignien seines vornehmen Standes ein goldener Halsreif und ein in einer verzierten Bronzescheide steckender Eisendolch, während ein ebenfalls verziertes Gürtelblech aus Bronze, ein konisch geformter Birkenrindenhut, eisernes Rasiermesser, Nagelschneider und drei durchlochte Bernsteinperlen, wahrscheinlich Amulette, zu seinen persönlichen Besitztümern zählten. Dass er gern zum Jagen und Angeln ging, belegen ein Köcher mit Pfeilen und drei Angelhaken für große Fische.

Gold für das Jenseits und Erinnerungen an frohe Feste

Eigens für die Bestattung hatte man den Toten mit Gold geschmückt: Er trug einen goldenen Armring; Dolch, Gürtelblech und Schuhe hatte man mit verziertem Goldblech überzogen, auf der Brust lagen zwei goldene Schlangenfibeln. Am Fuß der Totenliege stand ein 500 l fassender Bronzekessel, auf dessen Schulter drei große Henkel und drei Bronzelöwen befestigt waren. Innen lag eine goldene Schöpfschale. Das für solche Mengen passende Trinkservice war an der südlichen Kammerwand befestigt: neun große, mit Goldblechstreifen geschmückte Trinkhörner, deren größtes aus Eisen gefertigt war und 5 l fasste. Ein vollständig mit verziertem Eisenblech überzogener vierrädriger Wagen mit langer Deichsel stand längs der Ostwand in der Grabkammer. Auf den Wagenkasten hatte man das Bronzezaumzeug für zwei Pferde, eine Axt und ein großes Messer, einen sog. Pferdestachel und ein Speiseservice aus neun Bronzetellern und drei flachen Bronzebecken deponiert. Die gesamte Grabkammer war zudem mit prächtigen, bunt gemusterten Textilien ausgestattet und zum Schluss mit ungefärbten Tüchern verhängt worden.

Keine Chance für Grabräuber

Nach Abschluss der Bestattungsfeierlichkeiten schloss man die innere Kammer und umgab die Zwischenräume zur äußeren Kammer mit einer aufwändigen Konstruktion aus Steinen und Holzbalken, bevor man den Hügel zu seiner endgültigen Höhe von 6 m aufschüttete. Das Grab von Hochdorf ist das einzige der Prunkgräber um den Hohenasperg, das unberaubt geblieben ist. Dies ist wohl dem Umstand zu verdanken, dass die hölzerne Kammerdecke der tonnenschweren Steinpackung schon bald nicht mehr standhielt, nicht lange nach der Fertigstellung des Hügels einbrach und somit den antiken Grabräubern den Zugang verwehrte.

Kenntnis über Lebensweise

Die modernen Untersuchungsmethoden und die präzise Dokumentation aller Funde und Befunde erlaubten es nicht nur, die materielle Ausstattung des Fürsten und seiner letzten Ruhestätte lückenlos zu rekonstruieren, sondern erweiterten und vertieften auch die Kenntnis über soziale Strukturen, Wirtschaftsgefüge, Umweltbedingungen und Lebensweise der frühen Kelten.
Der Fürstenhügel, der von einem Steinkreis eingefasst war, in den man senkrecht stehende große Holzpfosten eingebracht hatte, ist heute an der Originalfundstelle in ursprünglicher Größe rekonstruiert. Von der Hügelkuppe aus hat man einen wunderbaren Blick zum Hohenasperg, so, wie es von seinen Erbauern vor 2500 Jahren beabsichtigt war.

Das Keltenmuseum Hochdorf/Enz

Keltenstr. 2, 71735 Eberdingen-Hochdorf
Tel. 07042/78911 oder 799402
(Gemeindeverwaltung Eberdingen),
Fax 799466
E-Mail: buergermeisteramt@eberdingen.de;
http://www.keltenmuseum.de

Öffnungszeiten:
1. April bis 31. Oktober: Di–So 9.30–12 Uhr und 13.30–17 Uhr
1. November bis 31. März:
Mi–So 9.30–12 Uhr und 13.30–17 Uhr
Führungen nach Anmeldung

Vergangenes sichtbar gemacht

Das 1991 eröffnete Museum greift in seiner architektonischen Konzeption die Struktur und einzelnen Aufschüttungsphasen des Hochdorfer Fürstengrabes auf. Ein weiter, in seinen Dimensionen der Größe des Hügels entsprechender Metallbogen überspannt die Museumsfront. Im Inneren wird der Besucher zunächst mit den Methoden der modernen Archäologie vertraut ge-

Mächtig erhebt sich heute wieder der aufgeschüttete Grabhügel.

Die rekonstruierte Grabkammer im Museum.

macht. Es folgt der Bereich zur Geschichte der frühen Kelten, zu Tracht und Sozialstruktur. Eine eigene Sektion ist der Erforschung und Ausstattung des Fürstengrabes gewidmet. Über einen schmalen Durchgang, in dem das Skelett des Fürsten und eine Rekonstruktion seiner Gesichtszüge zu sehen sind, gelangt man in den zweiten Teil, der die Ergebnisse der naturwissenschaftlichen Untersuchungen sowie die Befunde und Funde aus dem keltischen Dorf zeigt, das beim Bau des Museums entdeckt worden war. Die nächste Abteilung präsentiert die keltischen Schmiedetechniken und Werkzeuge, mit denen auch die originalgetreuen Nachbildungen der Grabbeigaben gefertigt wurden. Zentrum und Herzstück des Museums ist aber die in den Boden eingetiefte nachgebaute Grabkammer mit der kompletten Prunkausstattung. In einzigartiger Weise vermittelt sie das Bild, das sich damals auch den Teilnehmern der Beisetzungszeremonien geboten hat.

Das Keltendorf

Eine weitere Überraschung bot Hochdorf zehn Jahre nach der Untersuchung des Hügels, als man bei den Ausschachtungsarbeiten zum Keltenmuseum auf eine Siedlung der Frühlatènezeit stieß, die innerhalb von vier Jahren planmäßig und vollständig untersucht werden konnte. Schon bald stellte sich heraus, dass es sich um eine Niederlassung besonderer Art handelt, die sich deutlich von bisher bekannten Siedlungen dieser Zeit unterscheidet. Große Wohnhäuser, kleinere Grubenhütten, und auf Pfosten ruhende, erhöhte Speicherbauten charakterisieren die Struktur dieses Dorfes, das nach einem genauen Plan angelegt worden war. Alle Befunde ergaben eine rechtwinklige Anordnung der einzelnen Gebäude. Der Ort bestand aus mehreren, von Zäunen umgebenen Gehöften, zu denen je ein großes Wohnhaus, ein dazugehörendes Grubenhaus, ein Speicherbau und eingetiefte Erdkeller zählten. Die verschieden großen und in ihrem Aufbau ganz unterschiedlich konstruierten Grubenhütten dienten vor allem der Textilproduktion - man denke an die prächtige Ausstattung des Fürsten! In einem dieser Grubenhäuser fanden sich die Reste einer Bronzegießerei.

Mehr als ein Bauerndorf?

Das Fundmaterial aus der Siedlung spricht ebenfalls für den besonderen Status dieser ländlichen Siedlungseinheit. Natürlich gibt es handgemachte Grobgefäße, aber darüber hinaus auffällig viele Reste scheibengedrehter Keramik. In diesem Ort lebte man jedoch nicht nur gut, sondern wahrhaft luxuriös: Es wurden insgesamt sechs Scherben rotfiguriger attischer Trinkschalen entdeckt!

Enge Beziehungen zu den mediterranen Hochkulturen belegt auch der Fund einer kleinen, aus Bronze gegossenen, 11,5 cm langen Waage. Es ist dies bis heute die älteste Feinwaage nördlich der Alpen. Mit ihr wog man Edelmetalle oder gar griechische Münzen.

Zusammengenommen lassen die Ergebnisse der Untersuchungen in der Hochdorfer Siedlung den Schluss zu, dass es sich hier wohl kaum um ein einfaches bäuerlich geprägtes Dorf handelt. Der Landsitz desjenigen Fürsten, der im nahe gelegenen Grabhügel bestattet worden war, kann es dennoch nicht gewesen sein - die Siedlung ist nämlich ca. 150 Jahre jünger als das Grab. Direkt westlich des Museums ist nun ein Freilichtbereich mit originalgetreuen Rekonstruktionen der typischen Gebäude aus dem Keltendorf entstanden: Ein großes Wohnhaus, das auch für Veranstaltungen genutzt werden kann, eine Webhütte, ein gestelzter Speicherbau, Grubenhäuser und das Teilstück einer Palisade.

Vorgeschichtliche Grabhügel

Anfahrt: Durch Hochdorf auf die Straße nach Riet. Rechts der Straße ein Parkplatz am Rand des „Pfaffenwäldchens".
Von hier aus wenige Meter zu Fuß zu den Hügeln.

Bronze aus der Heimat, Korallen aus dem Mittelmeer

Nordwestlich von Hochdorf liegen im „Pfaffenwäldle" 24 kleine und größere Grabhügel der Hallstatt- bis frühen Latènezeit. Einige wurden 1911 von Freiherr v. Tessin geöffnet. Aus ihnen barg er zwei aus dem Süden importierte Toilettebestecke, bestehend aus Nagelschneider, Pinzette und Ohrlöffel, Schmucknadeln mit Bernsteinköpfen, Goldohrringe, eine vom Mittelmeer stammende Korallenkette, einheimischen Bronzeschmuck aus der Hallstattzeit sowie Tierfibeln und ein Eisenschwert aus der Zeit der frühen Latènekultur. Die Grabhügel im „Pfaffenwäldle" gehören zu einem Ensemble zahlreicher Hügelgruppen im gesamten Umkreis von Hochdorf, die sich allerdings nur in den Waldstücken erhalten haben.

Echterdingen siehe Leinfelden

Egesheim, TUT

Anfahrt: In Egesheim Richtung Bubsheim, dann rechts in die Bubsheimer Straße. Dem Wanderweg (gelbe Raute) 2 km bergauf folgen und den Abzweig auf die andere Seite der Hochfläche nehmen.
Oder mit der Buslinie 1801 der Fa. Stehle, Tuttlingen, auf der Strecke Spaichingen–Tuttlingen bis Egesheim, Haltestelle „Egesheim Hauptstraße".

„Heidentor"

Zerstörung aus Profitgier

Am Rand der Hochfläche auf dem Bergrücken Oberburg nordwestlich von Egesheim erhebt sich die torähnliche Felsformation des „Heidentors". Es ist als großartiges Naturdenkmal bekannt. Einige Scherben aus der Hallstattzeit wiesen aber auch auf die Anwesenheit des vorgeschichtlichen Menschen hin. Traurige Berühmtheit erlangte das Heidentor 1990, als ein großes Ensemble vollständig erhaltener Bronzefibeln und -ringe, eiserner Pfeilspitzen und Pfeilbolzen im Kunsthandel auftauchte. Es handelte sich um Fundstücke aus einer großflächig angelegten Raubgrabung im Bereich des Steilhangs unterhalb des Felsens. Polizei und Forstbehörde überwachten und sicherten deshalb das Gelände vor weiteren Eingriffen.

Die eindrucksvolle Felsformation des „Heidentores".

Zu Beginn der Neunzigerjahre führte das Landesdenkmalamt zwei Nachuntersuchungen durch, die das Ensemble um weitere Stücke ergänzten und auch eine Interpretation der Fundstelle erlaubten. Der Platz am Heidentor war in der Hallstatt- und frühen Latènezeit ein Ort kultischer Handlungen und Opferriten. Dabei wurden bestimmte Objekte, die Bestandteil der weiblichen Tracht waren, hier niedergelegt: Haarnadeln, Glasperlenketten, Fibeln und Ringe. Auffallend ist, dass die zur üblichen Grabausstattung jener Zeit gehörenden Hals-, Arm- und Fußringe fehlen. Auch die gefundene Keramik kann in diesen kultisch-rituellen Zusammenhang gestellt werden, es fanden sich auffallend viele kleine und kleinste Miniaturgefäße.
Das oberhalb gelegene Bergplateau war in der späten Bronze- und beginnenden Urnenfelderzeit besiedelt. Für eine Niederlassung in Hallstatt- und Latènezeit aber fehlen die Hinweise. Der Kult- und Opferplatz der frühen Kelten ist inzwischen weiträumig als Grabungsschutzgebiet ausgewiesen.

Elztal-Neckarburken, MOS

Anfahrt: Über die B 27 von Mosbach Richtung Walldürn bis Neckarburken. Hier am Ortsausgang nach etwa 50 m rechts das Badegebäude. Nach weiteren 150 m rechts den Weg zum Friedhof nehmen, dort links steht das konservierte Lagertor des Numeruskastells.

Römische Badegebäude und Kastelltor

Vom Kastell zum Gutshof

Östlich der heutigen Gemeinde Neckarburken lagen einst zwei römische Kastelle, von denen das größere, ein Kohortenkastell, heute weitestgehend überbaut und nicht mehr sichtbar ist. Zu diesem etwa 2 ha großen Lager gehörte ein Badegebäude. Es liegt direkt südlich der B 27, die über seine nördliche Hälfte hinwegführt. Der südliche Bereich des Bades vom Reihentypus ist konserviert. 200 m östlich des Kohortenkastells erbaute ein *numerus* der so genannten Elz-Brittonen ein zweites, kleineres Kastell. Es besaß drei Tore, und bis auf die Nordseite, wo es an den Elzbach grenzte, einen umlaufenden Graben. Dem 0,6 ha großen Lager, dessen tiefe Fundamente bis zu 1,50 m breite Mauern trugen, war später im Süden ein weiterer Anbau hinzugefügt worden. Dieser und ein zweites, für Militäranlagen untypisches Gebäude mit einem großen und vier kleinen

Damals unberührt vom Verkehr – das römische Kastellbad.

Bauinschrift der Elz-Brittonen aus Neckarburken.

Räumen im Inneren der Anlage waren zunächst schwierig zu deuten. Der Anbau besaß weitaus schwächere Mauern als das eigentliche Kastell, hatte, im Gegensatz zu diesem, keinen umlaufenden Graben und besaß keine Tore. Offensichtlich wurde er nicht zu Verteidigungszwecken errichtet. Im Vergleich mit einer ähnlichen Anlage in Hesselbach hat man inzwischen erkannt, dass das Kastell, nachdem der *numerus* um 185 n. Chr. (?) nach Osterburken verlegt worden war, weiter genutzt wurde, und zwar als römischer Gutshof. Wahrscheinlich wurden die ehemaligen Stabsgebäude in Teilen verändert und vom Gutsbesitzer zum Wohnhaus umgebaut. Diese Interpretation wird gestützt durch die Bruchstücke einer Jupitergigantensäule, die hier zutage kam. Das gut erhaltene, konservierte Westtor, die *porta principalis sinistra,* wird von zwei Türmen aus Sandsteinquadern begrenzt, die in ihrem oberen Bereich mit Profilsteinen geschmückt waren. Diese profilierten Steine sitzen heute auf dem Sockel des südlichen Turms. Hier fand sich auch die Bauinschrift der Besatzung, die als *„Numerus Brittonum Elantiensium"* (Elz-Brittonen) genannt ist, einer Einheit, deren Soldaten aus Großbritannien stammten.

Museum am Odenwaldlimes

Mosbacher Str. 7,
74834 Elztal-Neckarburken
Auskünfte:
Bürgermeisteramt Dallau-Elztal
Tel. 06261/890321 oder
M. Waltereit, Tel. 06261/5706

Öffnungszeiten:
1. April bis 31. Oktober:
So 14–16 Uhr und nach Vereinbarung

Das kleine Museum im ehemaligen Rathaus, einem Fachwerkhaus des späten 18. Jahrhunderts in der Ortsmitte, zeigt nicht nur wesentliche Inschriften, Skulpturen und zahlreiche Kleinfunde aus Bad und Kastell von Neckarburken, sondern es gibt auch einen zusammenfassenden Überblick zur Geschichte des badischen Odenwaldlimes.

Fahrenbach-Robern, MOS

Anfahrt: Von Mosbach zunächst über die B 27 Richtung Buchen. 1,5 km nach Ortsende links ab nach Neckarburken, weiter über Fahrenbach nach Robern. Vom nördlichen Ortsausgang nach etwa 2 km (Hinweisschild „Römerkastell") liegt rechts das konservierte Kleinkastell.

Römisches Kleinkastell

Feldwache für Einheit der Brittonen

Das kleine, 20 m × 21 m messende Kastell, auch „Hönehaus" genannt, ist die einzige noch erhaltene Feldwache auf der Strecke 10 des Odenwaldlimes. Es besitzt ein 3 m breites Tor an der Frontseite, dessen Torwangen nach innen umbiegen, und ein kleineres Tor an der rückwärtigen Seite. Im Inneren wurden Reste von lehmverputzten Fachwerkbauten für die Unterbringung einer kleinen, wohl nur 20 Mann starken Besatzung gefunden, die sich, wie die Besatzung in Neckarburken, aus britannischen Soldaten rekrutierte. Der Verputz der Türme und der Kastellmauern war mit roten Fugenstrichen bemalt, die Mauern mit Zinnendeckeln abgedeckt. Als der Odenwaldlimes um die Mitte des 2. Jahrhunderts n. Chr. aufgegeben wurde, hat man auch das Kleinkastell verlassen.

Finsterlohr siehe **Creglingen**

Von Fichten erobert: das Kleinkastell.

Friesenheim, OG

Anfahrt: Autobahn A 5 Karlsruhe–Freiburg, Ausfahrt Lahr. In Lahr auf die B 3 nach Friesenheim, hier Richtung Bahnhof. Nach Überqueren der Bahngleise nach etwa 1,5 km links Hinweisschild „Römersiedlung". Dort Parkplatz direkt an der konservierten Anlage. **Zu Fuß** vom Bahnhof Friesenheim etwa 30 Min.

Römische Straßenstation

Raststätte mit Werkstatt

An der römischen Straße Mainz-Basel war im heutigen Gewann „Bannstude" eine Straßenstation angelegt worden, die nach der archäologischen Untersuchung 1973/74, ebenso wie die Straße, in Teilen rekonstruiert und konserviert wurde. Die 5,5 m breite Straße, rechts und links von je einem Straßengraben eingefasst, war mit Buntsandsteinen gepflastert. 15 m östlich des Straßendamms stieß man auf die Reste einer Hofmauer, in deren Südwestecke drei einst überdachte Räume erhalten waren. An der südlichen Außenseite der Mauer stellten die Ausgräber ein verstärktes Fundament fest, wahrscheinlich eines viereckigen Turmes, an den später ein runder Turm angesetzt worden war. Nördlich des Rundturmes lag ein Steinbrunnen mit einem hölzernen Brunnenkasten. Der Brunnen war bis in eine Tiefe von 1 m abgerissen und anschließend verfüllt worden.

Tempelchen zur Verehrung der Schutzgöttin des Schwarzwaldes, *Diana Abnoba*.

Bei der aufgemauerten Feuerstelle innerhalb des Hofareals könnte es sich um eine Esse gehandelt haben. Ein zweigeteiltes steinernes Wohnhaus liegt südlich der im Nordbereich nachgewiesenen Fachwerkbauten, in einem von ihnen wurden Schmiedewerkzeuge gefunden. Auf der anderen Seite der römischen Straße steht ein kleiner Antentempel mit einer Statue der *Diana Abnoba,* der Schutzgöttin des Schwarzwaldes. Die Lage der Gebäude und alle weiteren Befunde deuten auf eine Straßenstation, die sowohl handwerkliche als auch militärische Funktionen erfüllte. Während die römische Straße bereits im ausgehenden 1. Jahrhundert n. Chr. angelegt worden war, erbaute man die Holz- und Steingebäude im 2. und beginnenden 3. Jahrhundert n. Chr. Wenig später, nach der Mitte des 3. Jahrhunderts, brannte die Straßenstation ab, wahrscheinlich im Zuge der Alamanneneinfälle.

Grab siehe Großerlach

WANDERWEG
Grabenstetten, RT und Erkenbrechtsweiler, ES

Keltisches *oppidum* Heidengraben

Anfahrt: Über A 8 Stuttgart–München, Abfahrt Kirchheim/Teck, über die B 465 nach Owen, am westlichen Ortsausgang Richtung Beuren, vor dem Ort links nach Erkenbrechtsweiler.

Größtes *oppidum* in Deutschland

Das spätkeltische *oppidum* Heidengraben nordöstlich von Bad Urach auf der Schwäbischen Alb verbindet historische Bedeutung und erfahrbare Anschaulichkeit mit dem besonderen Reiz der Landschaft auf der Grabenstettener Halbinsel. Als *oppidum* bezeichnet die prähistorische Forschung bei uns die befestigten Siedlungen der Spätlatènezeit - und nur diese - in Anlehnung an die von Cäsar beschriebenen stadtähnlichen, befestigten Siedlungsgebilde der gallischen Kelten des ersten vorchristlichen Jahrhunderts.
Das *oppidum* Heidengraben ist das größte seiner Art in Deutschland und gliedert sich in zwei Bereiche: Die äußeren Sperrwerke, die das Eindringen von der Albhochfläche und von den aus den Tälern führenden Wegen verhindern sollten und eine Gesamtfläche von 1662 ha umschließen, und ein inneres Befestigungssystem, das ein 153 ha großes Gebiet schützt, die sog. Elsachstadt, in der die Kernsiedlung vermutet wird.

Der Heidengraben liegt auf einer Hochebene, die, nach Süden orientiert, fast wie eine Halbinsel deutlich von der sie umgebenden Albhochfläche getrennt erscheint. Tatsächlich ist aber nicht das gesamte Areal von Befestigungen umgeben. Dort, wo steile Abhänge und tief eingeschnittene Täler die natürliche Grenze des Plateaus bilden, wurde diese günstige topografische Situation geradezu meisterhaft in die Strategie miteinbezogen und überlegen genutzt.

Einheimische Tradition mit südlichem Einfluss

Die Besonderheiten eines keltischen *oppidums* liegen nicht nur in seinen beachtlichen Ausmaßen, sondern auch in der charakteristischen Konstruktion seiner Mauern und Toranlagen. Caesar schildert aus Gallien eine Mauertechnik mit horizontal gesetztem vernageltem Holzrahmenwerk, bei dem die Pfosten quer zur Mauerrichtung verlaufen und die Balkenköpfe in der Front sichtbar werden, den *„murus gallicus"*. Hier beim Heidengraben-*oppidum* finden wir dagegen sozusagen die einheimische Variante, die wohl auf eigenen Traditionen beruhende Konstruktion der Pfostenschlitzmauer: Die vordere Front eines aufgeschütteten Erdwalles wird durch senkrecht in den Boden eingetiefte Holzpfosten stabilisiert, die mit Hilfe schräg nach hinten

Heute wölben sich wieder die Grabhügel am Burrenhof vor der Kulisse des dunklen Waldes.

ziehender Balken gegen den Mauerdruck verankert werden. In die Zwischenräume der vertikal gestellten Pfosten wird ein aus flachen Kalksteinen bestehendes Trockenmauerwerk gesetzt. Vom Innenraum her ist die Mauerkrone über einen schräg an die Rückfront angeschütteten Lehmwall zu erreichen.

Sind *murus gallicus* und Pfostenschlitzmauer durchaus Ergebnisse heimischer Entwicklung, so zeigt der Aufbau der Toranlagen des Heidengrabens deutlich mediterranen Einfluss. Es sind bis auf zwei Ausnahmen (Tore D und G) sog. Zangentore, bei denen die Mauerzüge rechtwinklig und parallel nach innen einbiegen und eine Torgasse bilden, die am rückwärtigen Ende mit einem hölzernen, meist zweiflügeligen Torbau verschlossen wird. Das 1981 untersuchte Tor G weicht insofern von der strikten Zangenform ab, als die Mauerwangen nicht rechtwinklig zum Tor ziehen, sondern trichterförmig angelegt sind und somit einen kleinen Vorplatz bilden, der von der Mauer aus eine günstige Angriffsfläche bot. Diese Befunde wurden nach der Ausgrabung konserviert.

Bestattungsplatz im *oppidum*

Innerhalb der Außenumwehrung des Heidengrabens liegt nahe des 1838 errichteten Burrenhofs (Burren = Hügel) ein hallstattzeitliches Grabhügelfeld mit 25–30 Tumuli, die 1893 erstmals erforscht wurden. Eine durch Flurbereinigungsmaßnahmen notwendig gewordene Nachuntersuchung der Hügelreste erbrachte verblüffende Ergebnisse. Man wusste bisher, dass die Nekropole seit der älteren Hallstattzeit bestand und bis in die jüngere Hallstattzeit weiter belegt wurde. Zum ersten Mal konnte bei den jüngsten Untersuchungen ein Hügel mit fast quadratischem Grundriss nachgewiesen werden – ein in Süddeutschland ungewöhnlicher Befund.

Zweifel an einer Hypothese

Am erstaunlichsten aber war die Entdeckung kleiner, zum Teil sich überschneidender Gräben. Die Grabensysteme durchziehen das gesamte Hügelareal und widerlegen mit ihrem latènezeitlichen Fundspektrum die bis dahin vertretene These, die hallstattzeitliche Hügelgruppe am Burrenhof stünde in keinerlei Beziehung zum *oppidum*. Welchen Zweck diese Gräben und einige randliche, fundleere Gruben allerdings erfüllten, muss vorerst eine offene Frage bleiben.

Wanderung am Stadtrand

Drei Wanderwege führen zu den archäologischen Denkmalen des Heidengrabens. Der erste und längste (er dauert mindestens 5 Std.), berührt sie alle und soll im Folgenden geschildert werden. Günstigster Ausgangspunkt ist der Parkplatz nördlich von Erkenbrechtsweiler. Dort ist auch eine Relieftafel aufgestellt, die eine gute Übersicht bietet. Schlägt man nun den Weg in südliche Richtung ein, so steht man nach ca. 100 m vor dem Heidengraben mit dem rekonstruierten Tor G, das den Zugang zum Lenninger Tälchen abriegelt. Das Tor G vermittelt eindrucksvoll das frühere Aussehen solcher Toranlagen, die ja im weiteren Verlauf des Weges nur noch als Geländeform zu erkennen sind. Die schräg zum Tor einbiegenden Wallenden zeigen die typische Pfostenschlitzfront.

Im Bereich des Torbaues fanden sich bei den Ausgrabungen sechs in den anstehenden Fels eingehauene Löcher für dicke Holzpfosten. In diese setzte man bei der Rekonstruktion mächtige Eichenbalken, sah aber von einem weiteren Aufbau des Tores ab, da sein genaues Aussehen nicht gesichert ist. Übrigens – vor dem Tor steht man auf einem Stück des original keltischen Straßenpflasters! Das östlich des Tores errichtete Wallstück zeichnet sich im Gelände bis zu seinem Ende an der Hangkante gegen das Kaltental deutlich ab.

◀ Die Zwischenräume der Frontpfosten waren mit sorgsam gesetzten Kalksteinen ausgefüllt.

Die Sohlen vieler Besucher werden das Pflaster der keltischen Straße wieder ganz ▼ zum Vorschein bringen.

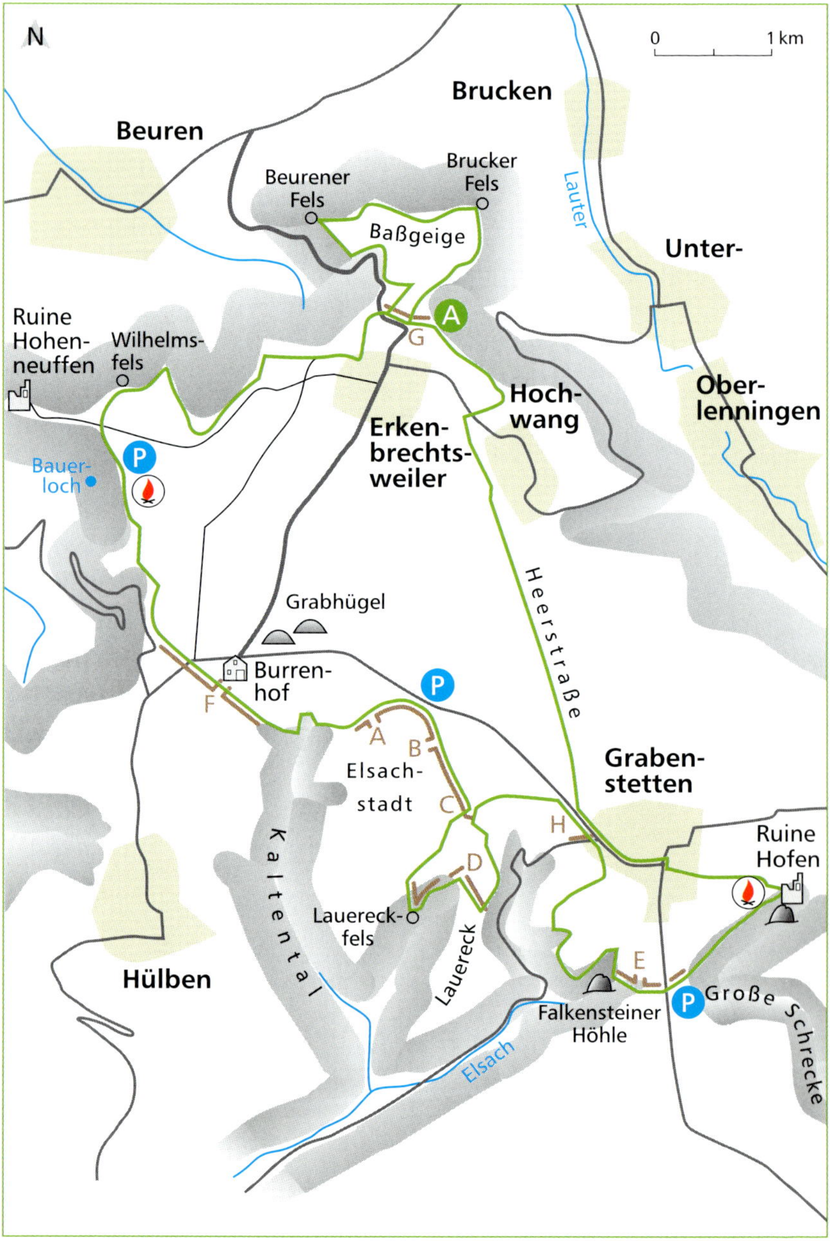
N
0
1 km
Brucken
Beuren
Beurener Fels
Brucker Fels
Baßgeige
Lauter
Unter-
A
G
Ruine Hohen-neuffen
Wilhelms-fels
Hoch-wang
Ober-lenningen
Erken-brechts-weiler
P
Bauer-loch
Heerstraße
Grabhügel
Burren-hof
P
F
A
B
Elsach-stadt
C
Graben-stetten
H
Ruine Hofen
D
Kaltental
Lauereck-fels
Lauereck
E
Hülben
Falkensteiner Höhle
P
Große Schrecke
Elsach

Imposante Mauern und ein mächtiges Tor

Der Wanderweg führt weiter, bis man auf den Heidengraben beim Burrenhof stößt, eine fast geradlinig verlaufende Befestigung, die mehr als 1 km lang ist und die beiden Talköpfe des Neuffener und des Kaltentales verbindet. Hier lohnt ein kleiner Abstecher über die Straße zum Burrenhof, in dessen unmittelbarer Umgebung die wieder aufgeschütteten Grabhügel liegen, die heute das Bild einer Landschaft wieder beleben, wie man sie sich vor rund 2800 Jahren vorstellen mag.

Wie gewaltig die Wallanlagen des keltischen *oppidums* waren, zeigt das Wallstück beim Burrenhof.

Wieder zurück zum Wall: Er ist, wie auch der davor liegende, kaum zugefüllte Sohlgraben, sehr gut erhalten - man erkennt deutlich die einheitliche Vorderfront und die flachere, rampenförmig angelegte Rückfront.
Jenseits der Straße Burrenhof-Neuffen ist der Wall weitgehend abgetragen, sein Graben verfüllt. Umso mächtiger wirkt deshalb Tor F, das besterhaltene des Heidengrabens und zudem das größte aller bekannten *oppidum*-Tore. Es ist ein typisches Zangentor, das den Weg von der Hülbener Halbinsel her kontrollierte.
Nun beginnt ein schmaler, bis auf ein kleines Teilstück aber kaum beschwerlicher Weg in Richtung Südosten. Der Wall ist hier gut sichtbar und dort, wo er endet, zeigt sich sehr schön, dass wegen der steilen Hänge des Kaltentalkopfes eine Verlängerung nicht notwendig war.

Herzstück der Anlage: die Elsachstadt

Kaum hat man den Wald am nördlichen Ende des Kaltentals verlassen, so steht man am Beginn der bogenförmig angelegten Umwehrung des eigentlichen Siedlungszentrums Elsachstadt. Der Wall ist mit einer Höhe von bis zu 3 m wohl die hervorragendste Befestigung des gesamten *oppidums*. Zwei Zangentore (Tore A und B) gewähren den Zugang. Sie sind, wie auch die Vorderfront der Mauer, nun nach Norden und Nordosten orientiert und riegeln die Elsachstadt zum übrigen *oppidum* hin ab. Ob das „Tor C“ unmittelbar vor dem südlichen Wallende tatsächlich eines ist, muss offen bleiben.

Kundige Strategen

Der Wanderweg nimmt nun südwestliche Richtung und stößt auf die den topografischen Bedingungen angepasste

Ein mächtiger Wall umzieht den Kern der Siedlung, die Elsachstadt.

„Zackenlinie“ des Heidengrabens beim Lauereck, einem Abschnitt, der zugleich zur äußeren Befestigung wie auch zur Absicherung der Elsachstadt gehört. Das hier liegende Tor D ist wiederum kein echtes Zangentor, sondern ist ähnlich angelegt wie Tor G.

Der Heidengraben am Lauereck zeigt erneut, dass die Befestigungsmauern immer dann aussetzen, wenn der natürliche Steilhang dies erlaubte. Der gesamte Westrand der Elsachstadt ist nicht durch Befestigungswälle gesichert. Im Hang erkennt man aber deutlich einen parallel zur Oberkante verlaufenden künstlichen Absatz, der vielleicht auf die Existenz von Holzpalisaden hindeutet.

Man folgt dem Weg nun weiter nach Grabenstetten, berührt das nicht mehr sichtbare Tor H (bei der Mühle) und erkennt links des Wegs ein weiteres, noch 1,5 m hohes Wallstück. Die Straße führt eine kurze Strecke direkt über den Wall, der hinter dem Rathaus besonders gut sichtbar ist.

Keltische und mittelalterliche Sperrwerke

Der letzte Abschnitt des Heidengrabens auf diesem Rundweg liegt südlich des Ortes und sperrt die schmalste Stelle des Plateaus. Westlich des Straßendurchbruchs biegen die Wallschenkel zum Tor E um und bilden eine 20 m lange Torgasse, die sich zum eigentlichen Torhaus hin deutlich verengt. Dieses Tor bezog sich vermutlich auf einen

von Süden heraufkommenden Weg, der dann weiter zum Tor H führte.
Der Rückweg folgt ein Stück dem südöstlichen Albtrauf, passiert nochmals Tor H und verläuft dann in nördlicher Richtung auf dem „Heerweg" bis zum östlichen Albtrauf. (Für diejenigen, die ein bisschen Gewicht im Gepäck nicht scheuen, ist dies eine großartige Strecke zum Rollschuhfahren oder Inline-Skaten!) Den „Heerweg" geht (oder fährt) man entlang bis zur Berghalbinsel „Baßgeige".
Dort befinden sich am „Burghörnle" beim „Bruckerfels" und westlich davon, am „Beurener Fels", die gut sichtbaren Reste mehrerer mittelalterlicher Gebäude im Wald, deren Funktion allerdings noch unklar ist.
Kurz vor dem Ende der Wanderung stößt man auf eine weitere Befestigung, die ebenfalls Heidengraben heißt und die „Baßgeige" abriegelt. Untersuchungen haben gezeigt, dass diese Wehranlage nicht mit dem *oppidum* in Zusammenhang gebracht werden kann, sondern - mit einer Vorderfront aus gesägten Tuffblöcken verblendet - in mittelalterliche Zeit zu datieren sein dürfte.

Reger Handel mit dem Süden

Betrachtet man den Heidengraben in seiner Gesamtheit, so fällt die außerordentlich überlegte Streckenführung seiner Sperrwerke auf, die die natürlichen Hindernisse des Geländes miteinbeziehend nutzen und nur diejenigen Zugänge sichern, die vom Tal oder der Hochfläche her leicht zu überwinden gewesen wären.
Diese Art eines befestigten Siedlungsraumes mit Zangentoren hat ihre Wurzeln in den mediterranen Festungsbauten jener Zeit und wurde von den mitteleuropäischen Kelten in die ihnen gemäße und erprobte Holz-Erde-Bauweise mit Mauerverblendung aus Bruchsteinen umgesetzt.
Dass dieses riesenhafte *oppidum* nicht nur regionales Zentrum war, sondern rege und intensive Handelsbeziehungen vor allem zum Mittelmeergebiet pflegte, belegen zahlreiche Funde importierter Waren. Die große Anzahl keltischer Münzen aus dem *oppidum* selbst darf ebenfalls als Beweis eines blühenden Wirtschaftslebens gelten.
Die Frage nach dem Grund für die Wahl des Standortes gerade auf diesem Teil der Schwäbischen Alb kann indessen noch nicht schlüssig beantwortet werden. Sicher trug die strategisch günstige Situation dazu bei. Vielleicht aber werden zukünftige Untersuchungen der zahlreichen Eisenöfen und Schlackenhalden in den Tälern rings um das *oppidum* dies weiter zu klären vermögen.
Ein archäologisches Objekt von so hohem Rang, wie es der Heidengraben darstellt, bedarf auch des besonderen Schutzes. Und hier haben sich Flurbereinigungsämter, die Regierungspräsidien Stuttgart und Tübingen, aber auch die betroffenen Gemeinden in vorbildlicher Weise um seine Erhaltung verdient gemacht. Die Zonen der Befestigungsmauern, der Gräben, Toranlagen und das Grabhügelfeld wurden von den Gemeinden erworben und somit der landwirtschaftlichen Nutzung oder baulichen Eingriffen entzogen. Sie sind heute mit Wiese oder Buschwerk bewachsen und werden regelmäßig kontrolliert und gepflegt.

Grenzach-Wyhlen, Grenzach, LÖ

Anfahrt: Über die Autobahn A 98 Weil am Rhein–Lörrach, Ausfahrt Lörrach. Weiter auf der B 316 Richtung Rheinfelden, in Degerfelden rechts abbiegen Richtung Wyhlen, hier auf die B 34 nach Grenzach. In der Ortsmitte rechts abbiegen in die Hauptstraße, nach etwa 100 m beim Brunnen auf der rechten Seite der Zugang zur Villa (Beschilderung). Weitere konservierte Reste in der Kronacher Straße.

Römische Villa mit Badegebäude

Museum Römervilla
Ecke Steingasse / Hauptstraße,
79639 Grenzach-Wyhlen

Öffnungszeiten: 1. April bis 1. Oktober:
So und Fei. 15–17 Uhr
und nach Voranmeldung bei
Dr. E. Richter, Tel. 076 24/58 98 oder
Herrn Bauckner, Tel. 076 24/18 13

Bester Bauplatz

Römische Villenbesitzer achteten nicht nur auf die vornehme Ausstattung ihres Wohnsitzes, sondern zunächst einmal auf die Auswahl des Bauplatzes, der vorzugsweise an den schönsten Stellen einer Landschaft mit garantiert unverbaubarer Aussicht liegen sollte. So war es auch im Fall der Familie eines Vornehmen aus dem linksrheinischen *Augusta Raurica,* die sich die große Villa am Hang des Dinkelbergs in Grenzach erbauen ließ, von wo aus der prächtige Blick über den Hochrhein bis zum Juragebirge gewährleistet war. Ausgrabungsbefunde und Ergebnisse geophysikalischer Prospektion ergaben zahlreiche Gebäude in einem Gesamtareal von etwa 160 m × 150 m, in dessen Bereich auch das prächtige Herrenhaus, eine Portikusvilla mit Eckrisaliten und Innenperistyl aus großen und kleineren Säulen stand.

Marmor, Fresken und Mosaiken

Dieses Hauptgebäude war luxuriös ausgestattet: Schon zu Ende des letzten Jahrhunderts wird von Säulen und Pilastern berichtet, von Marmor und Wandmalereien. Die Untersuchungen des Landesdenkmalamtes fügten dem Katalog der Überreste römischer Prachtentfaltung weitere Details hinzu. Türen und Fenster waren mit weißem Marmor eingefasst, die Außenwände in pompejanisch Rot verputzt. Die Innenräume hatte man mit verschiedenfarbigem Marmor verkleidet und mit Freskendarstellungen fast lebensgroßer Figuren geschmückt – heute zu bewundern im Freiburger Museum für Ur- und Frühgeschichte im Colombischlössle. Natürlich waren die Fußböden mit Mosaiken ausgelegt. Zu den Funden, die insgesamt den vornehmen Status der begüterten Bewohner widerspiegeln, gehören neben römischer Luxuskeramik und kostbaren Gläsern auch die Überreste besonderer Mahlzeiten, so z. B. die Schalen von Austern, einer Delikatesse, die auch damals importiert werden musste. In einem der Eckrisaliten

Die Sorgfalt, mit der die Mauersteine behauen und gesetzt wurden, spricht für den Wohlstand des Gutsbesitzers.

war ein Bad eingebaut, das vom Haupthaus her erreicht werden konnte. Ein weiteres Badegebäude wurde zusätzlich südlich am Hang angelegt.

Wohnen ohne Stallgeruch

Die jüngsten Befundanalysen sprechen für eine Zweiteilung des gesamten Gutshofbereichs: Vergleichbar mit ähnlichen großdimensionierten landwirtschaftlichen Anwesen römischer Zeitstellung, vor allem aus der Nordschweiz, gliederte sich auch der Gutshof von Grenzach in einen urbanen Bereich mit Herrenhaus, Bad und einem weiteren Wohnbau und einen durch eine Mauer davon getrennten Wirtschaftsbereich, der aus Ställen, Speichern, Gesindehäusern und ländlichen Produktionsbetrieben bestand. Reste dieser Gebäude wurden in der Kronacher Straße entdeckt und ebenfalls konserviert. Der größte Teil dieses Landsitzes aber, der somit aus einer *„pars urbana“* und einer *„pars rustica“* bestand, ist überbaut und damit nicht mehr zu sehen. Die Phantasie darf sich dennoch in eine Umgebung versetzen, die in reizvollster Landschaft ein Domizil bot, in dessen Mauern ein Lebensstil herrschte, der von Luxus, aber auch einem ausgeprägten Sinn für Schönheit geprägt war.

Schutz für Bad und Villa

Das Badegebäude wie auch die nicht überbauten, teilweise bis zu einer Höhe von 3 m aufragenden Mauern des Herrenhauses wurden nach Abschluss der Grabungen konserviert und sind heute in einem eigenen Schutzbau zu besichtigen, in dem auch eine Auswahl der geborgenen Funde ausgestellt ist.

Großerlach-Grab, WN

Anfahrt: Von Backnang die B 14 über Sulzbach a. d. Murr Richtung Großerlach. Vor Großerlach rechts auf die L 1053 durch Erlach nach Grab. An der Kirche rechts auf die K 1809 abbiegen, weiter bis zum Parkplatz am Waldrand. Auf dem ausgeschilderten Limeswanderweg etwa 400 m bis zum Limesturm.

Rekonstruierter Limesturm mit Limeswall und Palisade

Der Schlüssel zum Turm ist erhältlich im Gasthof „Löwen" in Grab, an der Kirche nach links (Schöntalstraße) bis zum **Hotel-Gasthof „Löwen", Tel. 07192/8797.**

Auskünfte: Bürgermeisteramt, Stuttgarter Str. 18, 71577 Grosserlach, Tel. 07903/91540, Fax: 915433

Vermessung am Limes

Gerade der schönen Aussicht wegen hatten die Römer um 150 n. Chr. auf dem „Heidenbuckel" einen steinernen Turm errichtet. Denn mit 536 m ü. NN war dies die zweithöchste Geländeerhebung am obergermanischen Limes und damit als Hauptvermessungspunkt bestens geeignet. Von hier aus hatte man weite Sicht nach Norden bis über Mainhardt hinaus und nach Süden bis zum heutigen Kaisersbach. Der quadratische, fast 4 m×4 m große Turm war schon 1892 durch die Reichslimeskommission aufgedeckt worden. Sie stellte u. a. auch Pfostengruben fest, die als Nachweis für den Standort eines hölzernen Meßgerätes gedeutet wurden.

Vorbild in Rom

Knapp 90 Jahre später entschloss sich das Landesdenkmalamt zu einer erneuten Untersuchung und zur anschließenden Rekonstruktion der nachgewiesenen Befunde. Zwischen dem zweigeschossigen Steinturm mit hölzernem Umgang und der mächtigen, fast 3 m

Die römischen Soldaten mussten über eine Leiter den ersten Stock erklimmen. Wir haben es heute leichter.

So sah es aus am obergermanischen Limes: der steinerne Wachposten hinter Wall und Palisade.

hohen Palisade aus längs halbierten Baumstämmen verliefen Wall und Graben. Die Gestaltung von Turm, Palisade und Wall entspricht den Vorbildern auf der Traianssäule in Rom. Heute gelangt der Besucher über eine stabile Holztreppe zum Eingang im ersten Stockwerk; die römischen Soldaten mussten mit einer Leiter vorlieb nehmen, die man bei Bedarf allerdings auch einziehen konnte.

Auch im Inneren hat die Rekonstruktion modernem (Sicherheits-) Bedürfnis Rechnung getragen. Hier sind heute massive Treppen eingebaut. Die römischen Wachtürme am obergermanisch-rätischen Limes sind in drei Stockwerke unterteilt, die jeweils nur über eine schmale „Hühnerleiter" zu erreichen waren. Im untersten Geschoss lagerten die Vorräte, im ersten Geschoss befand sich der Aufenthalts- und Schlafraum der Wachmannschaft, ganz oben lag die eigentliche Wachstube, von der aus die umlaufende Brüstung betreten werden konnte. Sicher war der Dienst auf dem Wachturm mehr als eintönig. Brett- und Würfelspiele, Gespräche und Klatsch werden den Soldaten die Zeit verkürzt haben.

Die Rekonstruktionen auf dem „Heidenbuckel" vermitteln auch heute noch einen ganz frischen Eindruck von der ehemaligen Situation in der Zeit der jüngsten Ausbauphase des obergermanischen Limes nach der Mitte des 2. Jahrhunderts n. Chr.

Großkuchen siehe **Heidenheim**
Großsachsen siehe **Hirschberg**
Hausen an der Zaber siehe **Brackenheim**

Hechingen-Stein, BL

Anfahrt: Über die Autobahn A 81 Stuttgart–Singen, Ausfahrt Empfingen. Weiter Richtung Haigerloch über Rangendingen auf der L 410 Richtung Hechingen. In Stein Beschilderung links zum Freilichtmuseum. Oder über die B 27 Tübingen–Rottweil, Ausfahrt Hechingen-Nord, Richtung Stein. Im Ort der Beschilderung folgen.

Römisches Freilichtmuseum

Eichwäldle, 72379 Hechingen-Stein
Tel. 07471/6400 (Wintermonate: 3614),
Fax 14805
E-Mail: GerdSchollian@swol.de

Öffnungszeiten:
1. April bis 31. Oktober: Di–So 10–17 Uhr
Führungen: So und Fei. 10–17 Uhr; werktags für Gruppen nach Voranmeldung

Landgut mit Aussicht

Prächtige Lage am Fuß der Schwäbischen Alb, herrliche Aussicht auf den Hohenzollernberg! In Stein waren diese Gesichtspunkte wohl nicht zuletzt ausschlaggebend für die Errichtung eines großzügig gestalteten und gut ausgestatteten Landsitzes, für den die Bezeichnung „Gutshof“ fast zu bescheiden wirkt. Die Anlage mit Herrenhaus, Bad, Gesindehäusern, Speichern, Ställen und Handwerksbetrieben wurde gegen Ende des 1. nachchristlichen Jahrhunderts erbaut und bis zu ihrer Zerstörung im 3. Jahrhundert mehrfach verändert und erweitert.

Als die Reste der Villa 1971 im Wald „Tufelbach“ entdeckt und wenige Jahre später ausgegraben wurden, standen die Mauern teilweise noch bis zu einer Höhe von zwei Metern. Der gesamte Komplex des Herrenhauses mit einer überdachten Säulenhalle, zwei Eckrisaliten und einem angebauten Badegebäude erstreckt sich über eine Länge von knapp 80 m und ist etwa 44 m tief. Zunächst wurde nur der Zentralbau mit dem Bad archäologisch untersucht und restauriert.

Ausgewogene Architektur

Das vierflügelige Haupthaus umschloss einen rechteckigen Innenhof, in den weitere Gebäude gesetzt wurden. Die südliche Front der Anlage bestand aus den beiden zweigeschossigen unterkellerten Eckrisaliten, die ein offener Säulengang miteinander verband, von dem aus eine breite Treppe zu einer flachen Geländeterrasse hinabführte. Von hier wie auch aus den Fenstern der Eckgebäude genossen die Gutsbewohner den einmaligen Blick auf die Höhen der Schwäbischen Alb. Der Westflügel der *villa rustica* wurde durch ein doppelflügeliges Holztor unterbrochen, durch das man in den Innenhof gelangte. Betrachtet man den Schwellstein dieser Toranlage von außen, so wird schnell klar, dass man es sich in der Regel sparte, beide Flügel aufzustoßen. Der linke Teil der Schwelle ist weit stärker abgenutzt als der rechte. Den westlichen

Der Besitzer der Villa wusste, was ein unverbaubarer Bauplatz ist.

Gebäudetrakt bildete eine Flucht von Wirtschaftsräumen unterschiedlicher Funktion. Der nördlichste, langgestreckte Raum besaß einen halbrunden Mauerabschluss; die gleiche architektonische Lösung sieht man am Ostflügel, der durch einen langen überdachten Gang gebildet wird, bevor dieser nach Nordosten zum Bad umbiegt. Die gleichartig gestalteten Risalitbauten im Süden und die halbrunden, sich entsprechenden Nischen im Norden verleihen dem Haus schöne Ausgewogenheit und ansprechende Symmetrie. Der Nordtrakt bestand wiederum aus Wohnräumen, die z. T. beheizbar waren. Ein großer doppelbödiger Speicher und je zwei Wohn- und Wirtschaftsräume sind im Innenhof errichtet worden.

Trockenen Fußes ins Bad

Etwas entfernt vom Hauptgebäude liegt ein kleines Badehaus mit einem Laubad, das vielleicht auch als Umkleideraum diente. Von hier aus gelangte man in das Heiß- oder das Kaltbad. Dieses kleine Badegebäude bot wesentlich mehr Annehmlichkeiten, als ein heutiger Swimmingpool im Garten. Vom Haupthaus her war es nämlich über einen langen überdachten Verbindungsgang an der Ostseite zu erreichen, so dass der Badelust auch bei schlechtem Wetter gefrönt werden konnte, ohne sich auf dem Weg dorthin Regen oder Schnee aussetzen zu müssen.

Sakraler Bezirk, Opferplatz für Reisende?

150 m unterhalb des Zentralgebäudes liegt auf einem Bergsporn über dem Tal der Starzach ein kleiner Tempelbezirk. Hier standen zehn kleine *aediculae* in einem von einer Mauer eingefassten Quadrat mit 30 m Seitenlänge. Die kleinen Steintempelchen, einfache, mit ei-

Aussehen und Inventar der Räume sind rekonstruiert.

nem Ziegeldach gedeckte Schutzbauten, deren Seiten nicht länger als 2,5 m waren, bargen Statuen der verschiedensten Götter. Allerdings war der Tempelbereich am Ende des 2. Jahrhunderts n. Chr. vollständig und bewusst zerstört worden. Die Götterbilder wurden herausgerissen und in tausend Stücke zerschlagen. Dennoch gelang eine Zuordnung der weit verstreuten Skulpturenfragmente zu bestimmten Gottheiten: Beine eines großen Stiers, des Begleittiers des *Jupiter Dolichenus,* das Haupt einer lebensgroßen Venusstatue, die von Eroten begleitet war, Reste einer Jupitergigantensäule sowie Genien und Architekturteile. Solche Tempelbezirke sind innerhalb eines Gutshofareals nicht üblich, vielleicht opferten hier die im Tal vorbeikommenden Reisenden. Zwischen Hauptgebäude und Tempelbezirk wurde ein weiteres großes Wirtschaftsgebäude freigelegt, in dem die Reste von Darren und dreier großer Mühlen gefunden wurden. Hier wurde Getreide gelagert, gedarrt und zu Mehl verarbeitet.

Lebendige Archäologie

Der östliche Risalitbau, ein dahinter liegendes Wohnhaus und ein Stück der offenen Säulenhalle sind rekonstruiert. So bildet das Hauptgebäude, wie einst, auch heute wieder das Herzstück der Anlage. Hier ist die Geschichte des Gutshofes dargestellt, eine Tonbildschau informiert über die Zeit der Römer in Südwestdeutschland, Originalfunde zeigen den Wohlstand der Gutsbesitzer. Das rekonstruierte Wohnhaus ist mit originalgetreuen Nachbildungen römischer Inneneinrichtungen ausgestattet: So blickt man in eine Küche oder einen Speiseraum, dessen Fenster sich auf die reizvolle Landschaft öffnen. In allen konservierten Räumen und im Bad der Villa erläutern Schautafeln ihre ehemalige Funktion. Ein Holzbau unterrichtet über römisches Straßenwesen und römische Landwirtschaft: Hier stehen ein nachgebauter Reisewagen und eine Mähmaschine. In einem kleinen Versuchsgarten gedeihen römische Nutzpflanzen. Zahlreiche wechselnde Aktionen in den Sommermonaten, bei denen die Besucher selbst tätig werden können, geben Einblick in das Leben auf einem römischen Gutshof.

Hegne siehe Allensbach

WANDERWEG

Heidelberg, HD

Rundwanderweg Heiligenberg

Anfahrt: Über die Autobahn A 6 Darmstadt–Heidelberg, Ausfahrt Kreuz Heidelberg, dann auf die B 37, dann links auf die B 3 Richtung Handschuhsheim. Hier den Schildern „Heiligenberg“ bis zum Parkplatz beim Stephanskloster folgen.

Auf dem Keltenweg in die Geschichte

Über dem nördlichen Ufer oberhalb des Talausganges, an dem der Neckar in die Rheinebene mündet, erhebt sich der Heiligenberg, der seit dem 4./5. Jahrhundert v. Chr. eine besondere Rolle in der wechselhaften Geschichte der Region um Heidelberg einnahm. Wer den Touristen in der attraktiven Stadt entfliehen will, wer im wahrsten Sinne des Wortes auf den Spuren der Vergangenheit wandern will, der begebe sich auf den Berg, wenn möglich, an einem Werktag.

Die Überreste aus keltischer, römischer und mittelalterlicher Zeit sind konserviert, restauriert und durch einen abwechslungsreichen und bequemen Rundwanderweg erschlossen. Direkt am Parkplatz informiert eine große Übersichtstafel über Verlauf und einzelne Stationen der Strecke. Das Plateau des Heiligenbergs war schon in der Spätbronzezeit von Menschen bewohnt. Im 5. Jahrhundert v. Chr. entsteht auf dem Berg eine Siedlung der Kelten, die im 4. Jahrhundert v. Chr. mit einem doppelten Ringwallsystem befestigt wird. Der innere Wall mit einer Länge von 2,1 km umgab das Zentrum der Niederlassung mit Hunderten von Wohnhäusern, Hütten und Gruben; wesentlich tiefer entlang des Berghangs verlief der äußere, über 3 km lange Ringwall, der weitere Wohnstätten und Gruben der Siedlung umschloss.

Noch heute wird man erkennen, dass weder topografische noch geomorphologische Bedingungen eine profitable landwirtschaftliche Nutzung der Hochfläche und Berghänge erlaubte.

Wovon also lebten die keltischen Bewohner der befestigten Stadt? Gusstiegel aus Ton, Schmelzschlacke und Eisenerz belegen, dass bereits im Frühlatène Erz abgebaut und verhüttet wurde. Die Produktion und Verhandlung

Das Michaelskloster aus der Luft, von Osten gesehen.

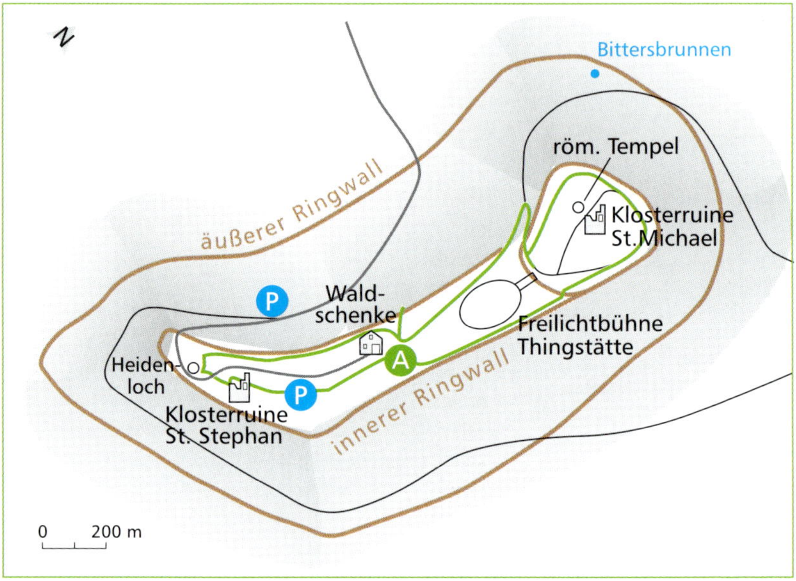

dieses kostbaren Rohstoffs führten bald zu einer wirtschaftlichen Blüte. Jetzt erhält die Siedlung ihre doppelte Befestigungsanlage, die eine Fläche von 53 ha umschließt und damit zu den größten ihrer Art im keltischen Mitteleuropa zählt.

Diese „Stadt“ bestand bis in das 3. Jahrhundert v. Chr. Reste eines Tempels, der Jupiter und dem für den Handel zuständigen Gott Merkur geweiht war, zeigen, dass auch die Römer den Berg aufgesucht haben. An gleicher Stelle wird im 9. Jahrhundert n. Chr. ein Kloster des Hl. Michael errichtet. Für das Jahr 1090 ist die Gründung eines weiteren Klosters belegt, St. Stephan, das unweit des südöstlichen Plataeaurandes erbaut wurde. Schließlich haben auch die Nationalsozialisten ihre Spuren mit einer Freilichtbühne, der sog. Thingstätte, auf dem Heiligenberg hinterlassen.

Stätten religiöser Verehrung

Der Rundweg beginnt direkt am Parkplatz und führt als „Keltenweg“ ein Stück parallel der Straße und wendet sich hinter der Waldschänke (ganzjährig bewirtschaftet) in östliche Richtung bis hinauf zur Thingstätte. Dieses Teilstück läuft direkt am inneren Ringwall entlang. Der Weg geht dann leicht bergauf bis zum Hauptgipfel mit den Ruinen des Klosters St. Michael. Hier lag auch der römische Tempel des Merkur, sein Grundriss ist im Boden markiert. Das Kloster wurde um 870 vom Lorscher Abt Thiotroch errichtet. Als 1025 ein Konvent eingerichtet wurde, entstanden neue Klausurgebäude und eine Kirche. Im 13. Jahrhundert lebten Prämonstratenser im Kloster, bis es in der Reformation aufgehoben wurde; die Universität erhielt die Gebäude und gab sie zum Abbruch frei! Dem großen, von zwei mächtigen Achtecktürmen flankierten Westbau folgt die dreischiffige Basilika, der sich im Osten Kreuzgang und Klausurgebäude anschließen. Der Wanderweg führt nun in Richtung Süden, vorbei an einem Stück des mittelalterlichen Abschnittswalls zum Aussichtspunkt über der „Thingstätte". Von dort geht es wieder zurück zum westlichen Plateaurand. Über eine Strecke von knapp 200 m ist jetzt der keltische Ringwall rechts des Wegs besonders gut zu erkennen. Südlichster Punkt der Strecke ist das „Heidenloch". Es ist ein 56 m tief in den Fels gehauener Schacht zur Wasserversorgung, den vielleicht schon Kelten oder Römer angelegt haben; auf jeden Fall wurde er von den Mönchen des Mittelalters genutzt. Letzte Station des archäologisch-historischen Rundwegs ist das Kloster St. Stephan. Bei seiner Gründung durch den Benediktiner Arnold im Jahr 1090 besteht es zunächst nur aus einer Klause mit Kapelle, denen 1094 ein kleiner Konvent angefügt wird. Im 12. Jahrhundert wird die große dreischiffige Basilika erbaut. Die Prämonstratenser, die St. Michael und St. Stephan übernommen hatten, fügten im 14. und 15. Jahrhundert eine Klausur an der Südseite hinzu, deren Ostflügel recht gut erhalten ist. Auch dieses Kloster wird um die Mitte des 16. Jahrhunderts aufgelöst und verfällt zur Ruine. Obwohl Ringwälle und Klosteranlagen durch Jahrhunderte Opfer des Steinraubs waren, sind die bestehenden Reste auch heute noch von beeindruckender Präsenz. Der Rückweg führt über die B 3 Heidelberg-Handschuhsheim. Man folge dann der Beschilderung „Heiligenberg" zurück bis zum Parkplatz beim Stephanskloster. Auch der Heiligenberg verbindet die Faszination Geschichte mit einem Naturerlebnis besonderer Art. Jede Jahreszeit verleiht dem Berg ein anderes Gesicht. Dort, wo der Wald seine Fenster öffnet, umrahmt er Schloss und Altstadt von Heidelberg, die weite Rheinebene oder gar den Saum des Pfälzer Waldes im Westen.

Kurpfälzisches Museum der Stadt Heidelberg

Hauptstr. 97, 69117 Heidelberg
Tel. 06221/583402 (Museum) und -3400, -3412 (Verwaltung), Fax 583490

Öffnungszeiten:
Di–So 10–17 Uhr, Mi 10–21 Uhr

Schaufenster der Geschichte

Wer sich auf den Heiligenberg einstimmen oder das Gesehene vertiefen möchte, sollte unbedingt einen Besuch im Heidelberger Kurpfälzischen Museum einplanen. Auf über 1500 m² im Unter- und Erdgeschoss sind Archäologie und Geschichte des Heidelberger Raums dargestellt. Vom *Homo erectus heidelbergensis* aus Mauer bis zur frühen Neuzeit erschließen sich Lebensweise und Siedlungsstrukturen, Religion und Kult, Landwirtschaft und Umwelt des Menschen dieser Region in Modellen und Exponaten, Tafeln und Dioramen. Ein eigener Raum ist den Ergebnissen archäologischer Untersuchungen auf dem Heiligenberg gewidmet.

Heidengraben siehe **Grabenstetten**

Heidenheim, HDH

Anfahrt: Über die Autobahn A 7 Ulm–Aalen, Ausfahrt Heidenheim-Nattheim. Auf der B 466 bis zur Kreuzung mit der B 19 nach Heidenheim. Hier Richtung Bahnhof. Vom Bahnhofplatz in die Bahnhofstraße, diese bis zur Ecke Theodor-Heuss-Straße.

Museum im Römerbad

Theodor-Heuss-Str. 3,
88518 Heidenheim a. d. Brenz
Tel. 07321/327397, Fax 327696

Öffnungszeiten:
Mi–So 10–12 Uhr und 14–17 Uhr

Das Bad, das keines war

Südlich des Rätischen Limes, in einem weiten Tal der Brenz, wurde um 90 n. Chr. unter Kaiser Domitian ein Kastell erbaut. Das Lager bot mit einer Fläche von 5,5 ha genügend Raum für die Unterbringung einer 1000 Mann starken Reitereinheit und ihrer Pferde. Diese Einheit, die *Ala II Flavia pia fidelis milliaria,* sollte später nach Aalen verlegt werden. In der Umgebung des Kastells entstand ein stattliches Lagerdorf. Nachdem die Truppen um 150 n. Chr. Heidenheim verlassen hatten, wurde das Kastell geschleift und in seinem Areal sowie südöstlich davon eine Zivilsiedlung errichtet, deren große und luxuriös ausgestattete Steinbauten für ihren besonderen Status sprechen. Vielleicht war das antike *Aquileia(?)* Sitz einer zentralörtlichen Verwaltung. Die in den Achtziger- und Neunzigerjahren durchgeführten Ausgrabungen des Landesdenkmalamtes erbrachten jedenfalls überraschende Befunde. Westlich der Friedrichstraße stieß man auf Teile eines riesigen Gebäudekomplexes. Einem zentralen Innenhof mit rechteckigen, massiv gebauten Sockelfundamenten für eine weite Treppe oder für rechts und links aufgestellte große Statuen ist westlich eine 43 m lange Halle mit Fußbodenheizung angefügt. Noch über die Länge dieser Halle hinaus erstreckt sich mit etwa 70 m eine Flucht von insgesamt fünf ebenfalls beheizten Räumen an der Westseite. Der nördliche und südliche Raum sind um je eine 9 m breite halbrunde Apsis erweitert worden, deren Mauern von außen durch mächtige Stützpfeiler zusätzlich verstärkt sind. Die gesamte Anlage, die ihre heute sichtbare Gestaltung in der zweiten von insgesamt drei Bauperioden erhielt, ist spiegelsymmetrisch angelegt und besticht durch ihre ausgewogenen Proportionen. Direkt südlich dieses Baugefüges lag eine mit Holzbrettern verschalte Kalkgrube. Die dendrochronologische Untersuchung der Hölzer datiert auch den Monumentalbau in die Jahre um 150 n. Chr., also in eine Zeit, zu der die *Ala II Flavia* bereits in Aalen lag. Das kastellzeitliche Bad lag südlich dieses 100 m × 50 m großen Prachtbaus und war schon nicht mehr in Benutzung, als dieser errichtet wurde. Das Museum im Römerbad liegt unter dem modernen Postgebäude und ist in zwei Bereiche gegliedert. Im Oberge-

Funde und Befunde eines bedeutenden Bauwerks sind im Museum zu bestaunen.

schoss erfährt der Besucher Wesentliches zur Vor- und Frühgeschichte Heidenheims. Fast mystisch wirkt der dunkel gehaltene, nur durch Punktstrahler erhellte Raum mit den römischen Ruinen des großen Monumentalbaus und den Resten des Kastellbades im Untergeschoss. Ein großer Übersichtsplan zeigt die Gesamtanlage und die Geschichte ihrer Erforschung; weitere Tafeln und Vitrinen behandeln das gesamte Themenspektrum der römischen und nachrömischen Geschichte des Ortes. Der Name „Römerbad" spiegelt die ursprüngliche Deutung der Anlage. Zunächst ließen nämlich die ergrabenen Befunde mit den zahlreichen beheizbaren Räumen, mit Nischen und Apsiden auf eine große und prachtvoll ausgestattete Badeanlage schließen, die ihre Parallelen in den Thermen von Baden-Baden und Badenweiler gefunden hätte. Weiterführende Untersuchungen an dem großen Bauwerk lassen nun eher auf den repräsentativen Verwaltungssitz eines Civitashauptortes schließen.

Heidenheim-Großkuchen, HDH

Anfahrt: Über die B 466 Heidenheim–Neresheim. Nördlich von Steinweiler links Abzweig nach Großkuchen. Unmittelbar nach dieser Kreuzung rechts ein Waldparkplatz. Hier liegen die ersten Grabhügel an einer Wegekreuzung.

Vorgeschichtliches Grabhügelfeld

Friedhof für betuchte Siedler

Diese Grabhügel sind die „Vorläufer" einer großen, fast 70 Hügel umfassenden Nekropole, wahrscheinlich aus der Hallstattzeit. Folgt man dem mittleren, „Maientalwegle" genannten Weg, der durch den Hochwald zieht, nach Westen, so erkennt man linker Hand die weitgehend geschlossene Hügelgruppe des vorgeschichtlichen Begräbnisplatzes. Während einige Gräber klein und stark verflacht sind, erheben sich manche noch bis zu einer Höhe von 3 m. Solche imposanten Hügelfelder müssen im Zusammenhang mit größeren Siedlungen entstanden sein, deren Bewohner hier ihre Toten bestatteten und die sich solche auffälligen Grabmonumente überhaupt leisten konnten. Tatsächlich wurden auf der Markung der heutigen Gemeinde neben römischen und alamannischen auch hallstattzeitliche Siedlungsreste nachgewiesen. Die ausgedehnten Bohnerzvorkommen südlich von Großkuchen waren vielleicht bereits in der Hallstattzeit bekannt und wurden genutzt, so dass der Abbau und die Verhüttung von Eisenerz schon damals einen wirtschaftlichen Aufschwung der Siedlungen zur Folge hatte. Die Gegend um Großkuchen ist immer schön. Zum Besuch der Grabhügel seien aber Frühjahr und Herbst empfohlen, wenn der Hochwald besonders licht erscheint und die Sonne tief steht.

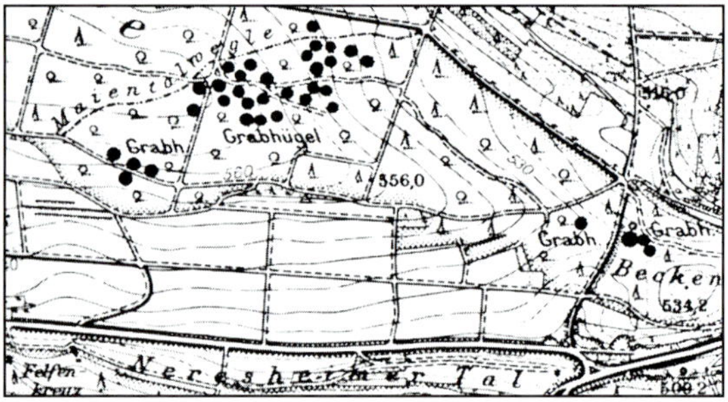

Die Ostalb ist reich an Grabhügelfeldern. Eines der schönsten und besterhaltenen liegt im „Badhäule" bei Großkuchen.

Heiligkreuztal siehe **Altheim**

Heitersheim, FR

Anfahrt: Über die Autobahn A5 Freiburg–Basel, Ausfahrt Hartheim/Heitersheim. Ab der Ausfahrt der Beschilderung „Römervilla", auch „Malteserschloss" folgen bis zum Parkplatz beim Schutzbau am östlichen Ortseingang.
Oder über die B3 nach Heitersheim, ebenfalls der o.g. Beschilderung folgen. Vom Bahnhof etwa eine knappe Stunde zu Fuß.

Römische *villa urbana*

Auskünfte:
Verkehrsamt Heitersheim,
Tel. 07634/40212

Außergewöhnlicher Komplex

Östlich des Malteserschlosses und z.T. darunter liegen auf einer Ost-West ziehenden Geländeterrasse die Überreste einer ungewöhnlichen römischen Villa, die mit Hauptwohnhaus, Bad und zahlreichen Nebengebäuden eine Fläche von knapp 6ha in Anspruch nimmt. Römische Strukturen an dieser Stelle waren bereits seit 1811 bekannt. Doch erst die Luftaufnahmen von O. Braasch in den späten Achtziger- und frühen Neunzigerjahren ließen erkennen, wie außergewöhnlich dieser Komplex tatsächlich war. Ein insgesamt fünf Jahre dauerndes Forschungsprojekt der Universität Freiburg ermittelte in Sondagen und mit Hilfe geophysikalischer Prospektionen zahlreiche Befunde, die zusammengefügt ein Gebäude-Ensemble ergaben, das zum Typus einer sog. *villa urbana* gehört, einem „städtisch" geprägten vornehmen Landsitz, der in Architektur und Konzeption dem Vorbild italischer Landgüter folgt und nördlich der Alpen bisher nur aus Gallien

Ruinen hinter Glas – der Schutzbau über den Resten der *villa urbana.*

und der mittleren Schweiz bekannt war. Schon für die Zwanziger- und Dreißigerjahre des 1. Jahrhunderts n. Chr. ließen sich Holzbauten nachweisen, die von einer ersten Steinbauphase abgelöst wurden. Diese ist charakterisiert durch einen zentralen Peristylhof mit umliegenden Räumen, einem etwas abseits gelegenen Badegebäude und mehreren Wirtschaftsgebäuden, die bei weiteren Umbaumaßnahmen teilweise mit dem Komplex des Herrenhauses verbunden wurden.

Fast wie in Pompeji

Das Peristyl umgab jedoch nicht einen trockenen Innenhof, sondern seine Säulen spiegelten sich im Wasser! Unwillkürlich wird man an die prunkvollen Villen in Pompeji erinnert, oder gar an das Paul Getty-Museum in Malibu/Florida! Der nach innen offene Säulengang umgab nämlich an allen Seiten ein länglich-rechteckiges Zierbecken von 18 m Länge und 4 m Breite, dessen Schmalseiten apsidenförmig ausgestaltet waren. Nördlich und südlich wurde das Peristyl von zwei Raumfluchten begrenzt, deren südliche um einen Keller und einen weiteren Raum länger ist.

Viermal umgebaut

Gegen Ende des 2. Jahrhunderts wird die Villa völlig umgestaltet. Peristyl und Nordtrakt verschwinden, neue große Prunkräume mit davor liegender

Eine sanft geschwungene Treppe führt in die gut erhaltenen Kellerräume der Villa.

Halle und seitlichen Sälen entstehen nördlich des alten Komplexes, westlich werden zwei parallel angeordnete Raumfluchten angelegt. Ein leicht nach Norden verschobener, nach Osten offener Hof mit breitem Umgang ersetzt das ehemalige geschlossene Peristyl. Auch das Bad wird in westliche und südliche Richtung vergrößert.
Insgesamt ließen sich vier verschiedene Bauphasen im Bereich des Landgutes ermitteln. Wie prachtvoll die Innenräume des Haupthauses ausgestattet waren, zeigen die Überreste schwarzweißer Mosaikfußböden, Bruchstücke von Wandmalereien mit nahezu lebensgroßen Figuren, floralen Motiven und ornamentalen Schmuckelementen sowie Leisten aus grünem Porphyr, den man eigens aus Griechenland importiert hatte.

Wohnen abseits vom Betrieb

Das gesamte Villenareal ist von einer trapezförmigen Mauer umgeben und gliedert sich, nach antikem Muster, in eine *pars urbana,* einen herrschaftlichen Wohnbereich, und eine *pars rustica,* eine Wirtschaftszone mit Ställen, Produktionsstätten und Häusern für das Gesinde. Der bisher in Obergermanien einzigartige Villentypus von Heitersheim wäre allein schon bemerkenswert. Ihre älteste Phase, die aus Holzbauten errichtete Anlage vom Beginn des 1. Jahrhunderts n. Chr., macht sie darüber hinaus zu einem archäologischen Objekt ersten Ranges, denn sie gehört zu den ältesten Indizien römischen Siedlungswesens im rechtsrheinischen Oberrheintal.

Beispielhafte Initiative – preisgekrönt

1997 wurde ein Schutzbau über dem zentralen Bereich der Villa errichtet. Wo vordem lediglich kleinere Suchschnitte und geophysikalische Prospektion, die nicht in den Untergrund eingreift, Charakter und Besonderheiten der Anlage klären sollten (der Großteil der Villa verbleibt als geschütztes Archiv im Boden), konnte das vom Schutzhaus umgebene Peristyl mit dem Zierbecken und dem angrenzenden Keller flächig untersucht werden.
Während dessen konnten die Besucher von außen gleichsam wie durch eine „Großvitrine" die bereits freigelegten Baustrukturen betrachten und dabei gleichzeitig einen Eindruck von den Arbeitsweisen der modernen Archäologie gewinnen.
Die Grabungen der Abteilung für Provinzialrömische Archäologie der Universität Freiburg wurden im Jahr 2000 abgeschlossen. Die Arbeiten zur Konservierung und behutsamen Restaurierung dauern zurzeit noch an - hier wird eine Fehlstelle in einer Mauer geschlossen, dort eine Säulenbasis ergänzt. Nach Möglichkeit noch in diesem Jahr sollen auch diese Maßnahmen fertig gestellt sein. Dann können die Besucher auf den Spuren der einstigen römischen Gutsherren durch die zentralen Räumlichkeiten der herrschaftlichen Anlage flanieren. Für das außerordentliche Engagement zur Erhaltung und Konservierung der Ruinen dieser prächtigen Villa durften Bürgermeister und Gemeinde im November 2000 den Archäologiepreis des Landes Baden-Württemberg entgegennehmen.

Herbertingen-Hundersingen, SIG

Anfahrt: Über die Autobahn A 8 Stuttgart–Ulm, Ausfahrt Ulm-West. Hier auf die B 10 bis Stadtmitte, von dort auf die B 311 Richtung Ehingen/Donau-Riedlingen. In Riedlingen Richtung Langenenslingen bis Altheim, dort links ab Richtung Herbertingen. In Hundersingen an der Binzwanger Straße liegt die ehemalige Zehntscheuer des Klosters Heiligkreuztal, darin das Heuneburgmuseum.

Heuneburgmuseum

Binzwanger Str. 14,
88518 Herbertingen-Hundersingen
Tel. 07586/1679

Öffnungszeiten:
1. April bis 30. Juni; 1. September bis 31. Oktober: Di–Sa 13–16.30 Uhr;
So und Fei. 10–12 Uhr und 13–17 Uhr
1. Juli bis 31. August: zusätzlich Di–Sa 10.00–12.00 Uhr

Neues Gesicht

Schwerpunkt des Museums ist die Besiedlungsgeschichte des keltischen Fürstensitzes und seine Erforschung. Die verschiedenen Themenbereiche sind auf Schautafeln, durch Pläne, Rekonstruktionszeichnungen und Fotos aufbereitet. Ein großes Diorama zeigt die Heuneburg im 6. Jahrhundert v. Chr. mit der hohen Lehmziegelmauer und dem

Das Luftbild, von Osten aufgenommen, zeigt deutlich die markante Form der Höhenburg.

Handwerkerbereich. Ausgewählte Funde, u. a. der Angelstein des sog. Donautores der Heuneburg vervollständigen die Didaktik. Zur Zeit jedoch erhält das Museum ein anderes Gesicht - der Ausstellungsbereich wird völlig neu gestaltet. Das Heuneburgmuseum ist Ausgangspunkt eines Archäologischen Rundwanderwegs, der von hier aus zunächst zum Fürstengrabhügel Hohmichele und der benachbarten keltischen Viereckschanze führt. Der Plan des Archäologischen Rundwanderwegs ist im Museum erhältlich.

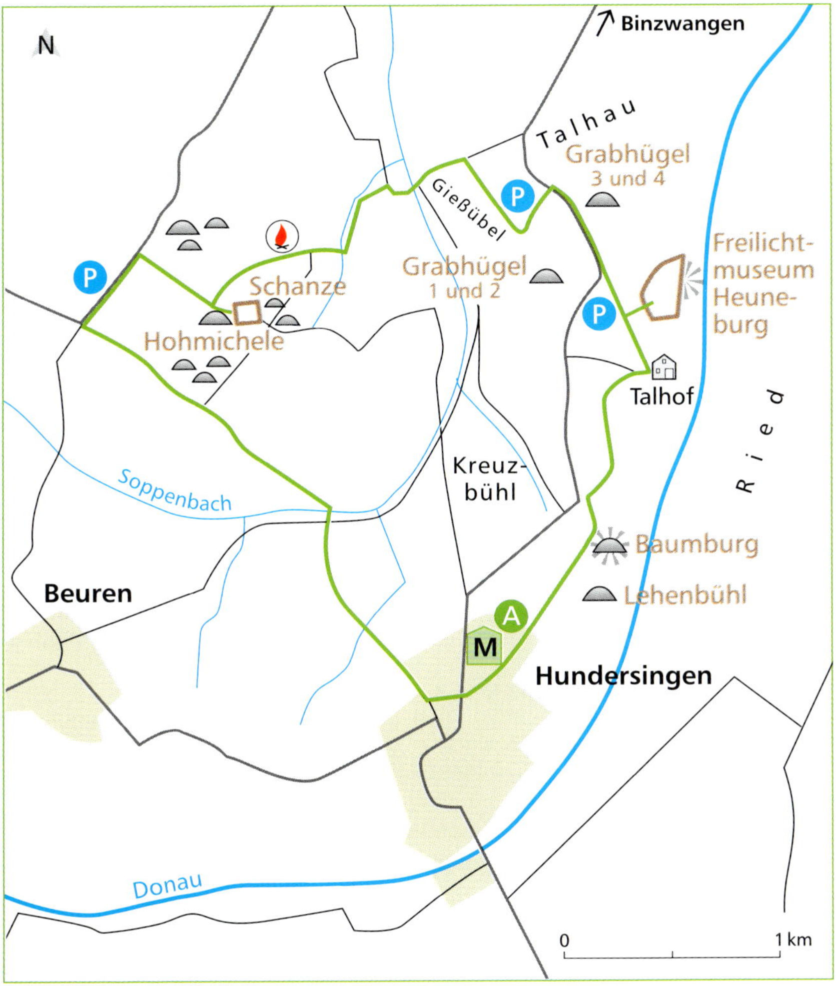

WANDERWEG

Heuneburgmuseum Hundersingen – Hohmichele mit Viereckschanze – Grabhügel im Gießübel – Grabhügel im Talhau – Freilichtmusem Keltischer Fürstensitz Heuneburg – Grabhügel Baumburg – Grabhügel Lehenbühl

Fürstengrabhügel Hohmichele und keltische Viereckschanze

Etwa 2 km westlich der Heuneburg liegt im Wald einer der größten Grabhügel Mitteleuropas, der Hohmichele, der nach archäologischen Untersuchungen zu seiner ursprünglichen Höhe von 14 m wieder aufgeschüttet wurde. Sein Durchmesser beträgt knapp 80 m. Man erreicht den Hügel von Hundersingen aus über den nordwestlichen Ortsausgang. Dem Sträßchen folgen bis in den Wald. An der ersten Kreuzung mit dem Waldweg nach rechts einbiegen. Nach etwa 150 m trifft man auf den Hügel.

Luxusausstattung für das Jenseits

Dieses mächtige Grabmonument, das sich weit über die südlich gelegene Gruppe aus mindestens 22 Hügeln erhebt, war zweifellos die letzte Ruhestätte einer zum Fürstensitz Heuneburg gehörenden Familie. Als er in den Jahren 1937/38 von Gustav Riek untersucht wurde, fand dieser die Zentralkammer jedoch beraubt. Dies war offenbar schon in antiker Zeit geschehen – der alte Raubschacht war noch deutlich zu erkennen. In der 1 m hohen und 3,5 m × 5,5 m großen Holzkammer, die auf dem Boden gestanden hatte, fand Riek lediglich Spuren einer Doppelbestattung von Mann und Frau: die Reste eines Wagens, Glasperlen einer langen Schmuckkette, aber auch Gewebereste eines golddurchwirkten Brokatstoffes sowie Teile eines Rinderfells, mit dem der Kammerboden bedeckt war. Die Enttäuschung über den frühen Grabraub wurde wettgemacht durch die Aufdeckung einer unzerstörten Kammer südöstlich der Hügelmitte, die als Nachbestattung in den Hügel eingebracht worden war. Neben und unter einem vierrädrigen Wagen lagen, ebenfalls auf Rinderfelle gebettet, ein Mann und eine Frau. Beiden Toten waren reiche Beigaben für das Jenseits mitgegeben worden; beide waren in kostbare Gewänder und Stoffe gehüllt. Zur Ausstattung des Mannes gehörte ein eiser-

Über Treppen gelangt man auf die Kuppe des großen „Hohmichele".

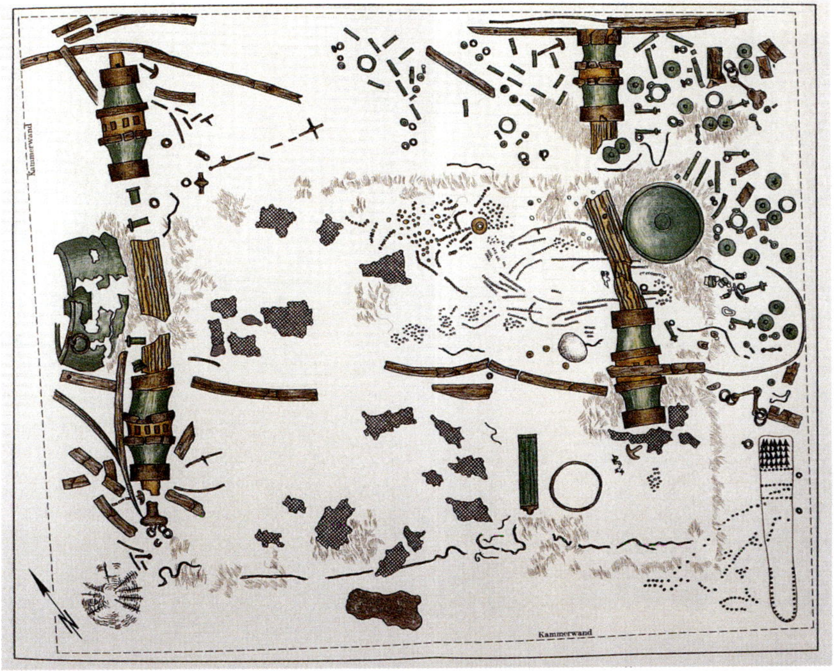

Die detaillierte Zeichnung der Funde und Befunde des Nebengrabes im Hohmichele zeigt besser als jedes Foto, wie prächtig die Ausstattung gewesen ist.

ner Ring, Bronzefibeln und Gürtelblech, ein Köcher mit 51 Pfeilen sowie ein Eisenmesser. Die Frau trug eine Kette aus über 360 Bernstein- und fast 2400 grünen Glasperlen. Der große Wagen mit vier Rädern, Pferdegeschirr sowie ein bronzenes Trinkservice vervollständigten die Einrichtung der Grabkammer.

Wolfgang Kimmig vermutet in diesem Tumulus, der innerhalb der auf die Heuneburg ausgerichteten Hügelgräber das älteste ist, den Bestattungsplatz des Gründers der Heuneburg-Dynastie und seiner Familie.

Die Kuppe des Hohmichele kann man über eine schmale Treppe erreichen und wenn man von hier aus Richtung Osten blickt, erkennt man nicht nur die große Grabhügelgruppe, sondern, mit etwas Übung, auch die verflachte spätkeltische Viereckschanze mit Seitenlängen von 88 m und 116 m. Von der Schanze sind allerdings nur noch die Wälle und Gräben der westlichen und nördlichen Seite einigermaßen gut auszumachen.

Der Wanderweg geht vom Hohmichele aus zunächst nach Nordosten, an einem Grillplatz vorbei und führt dann durch das Soppenbachtälchen zum Parkplatz am Waldrand neben der Straße Binzwangen-Hundersingen und zu den Grabhügeln im Gewann Gießübel und im Wald Talhau.

Grabhügel im Gewann Gießübel

Der Begriff des „Fürstenhügels“

Direkt westlich der Straße Binzwangen-Hundersingen erkennt man im Wiesengelände zwei mächtige Hügel von 4 m und 5 m Höhe. Es sind die Rekonstruktionen zweier Grabbauten, die von geradezu richtungsweisender Bedeutung für die eisenzeitliche Forschung werden sollten. Rodungsarbeiten im damals noch waldbestandenen Gießübel trugen 1875 die Hügel um mehr als die Hälfte ab. Dabei kamen in Hügel 1 insgesamt fünf Nachbestattungen ans Licht, die in die Hügelschüttung eingebracht worden waren. Die darin enthaltenen Beigaben waren so Aufsehen erregend, dass Eduard Paulus, der zwei Jahre später das Zentrum des Hügels untersuchte, die Bezeichnung „Fürstengräber“ prägte, die sich bis heute für die Großgrabhügel der Hallstattzeit erhalten hat. Tatsächlich ergaben die geborgenen Funde aus den Nachbestattungen ein außerordentliches Spektrum kostbarster Beigaben: Waffen und Schmuck aus Eisen und Bronze, Wagen und Pferdegeschirre, ganze Sätze bronzener Trinkgefäße, Bernsteinperlen und allein vier goldene Halsreifen. Das Zentralgrab dagegen war eher bescheiden ausgestattet. Die in den Boden eingetiefte hölzerne Grabkammer war offenbar auch schon in antiker Zeit beraubt worden. Die zentrale Holzkammer des Hügels 2, in der zwei Tote bestattet lagen, enthielt lediglich „Reste von Eisenwaffen“; von einem Nebengrab stammen Bronzegefäße.

Die Hügel im „Gießübel“ und „Talhau“ wirken wieder wie einst.

Grabhügel im Wald Talhau

Gräber über Dorfruinen

Auf der anderen Straßenseite liegen im Wald Talhau die Hügel 3 und 4. Der im Zentrum des östlich gelegenen Hügels 3 Bestattete trug einen Dolch und eine Lanzenspitze aus Eisen; wiederum stammen Bronzegefäße aus Nachbestattungen. Die mit Tüchern verhängte Hauptkammer des Hügels 4 enthielt einen großen Wagen, Pferdezaumzeug und Schmuck. In diesem Hügel wurden insgesamt 23 Nachbestattungen festgestellt. Wie bei den Grabhügeln um den Hohenasperg, liegen auch um die Heuneburg die ältesten Gräber zwar in Sichtweite, doch wesentlich weiter von ihr entfernt, als die jüngeren Grabbauten, zu denen die Hügel in Gießübel und Talhau gehören. Diese vier Hügel, die um 500 v. Chr. aufgeschüttet worden waren, überdecken den Teilbereich einer ausgedehnten Siedlung, die etwa 100 Jahre älter ist und bereits auf-

Beim Aufstieg zum Fürstensitz sind der westliche Wall und Graben gut zu erkennen.

gegeben war, als die Gräber auf den ehemaligen Siedelflächen angelegt wurden. Reste dieser „Heuneburg-Außensiedlung“, die fast doppelt so groß war wie die auf der befestigten Burg, hatten sich unter den Großgrabhügeln unversehrt erhalten. Vor allem die Schichten unter Hügel 4 ergaben, in vier Periodengruppen zusammengefasst, insgesamt neun Siedlungsstadien, die durch wechselnde Haustypen und verschiedene Funktionsbereiche gekennzeichnet sind. Hier wurde Bronze gegossen, es gab Töpfereien, Textilbetriebe und Schmuckwerkstätten.

Von dieser Stelle aus ist es nicht mehr weit bis zur Heuneburg. Man kehrt zur Straße zurück, geht sie ein Stück entlang und biegt dann zum Parkplatz bei der Heuneburg ab. Nach einigen Metern geht von dem befestigten Feldweg links ab ein Fußweg hinauf zur Hochfläche.

Keltischer Fürstensitz Heuneburg

Schwerpunkt der Keltenforschung

Folgt man dem Fußweg zur Höhe der Burg, so fällt zunächst der mächtige äußere Graben an der linken, westlichen Seite des Bergs auf. Obwohl dieser, wie auch ein weiterer innerer Graben auf der gleichen Seite oben auf der Hochfläche, aus dem Mittelalter stammt, kann man davon ausgehen, dass diese jüngeren Grabensysteme auf bereits bestehende Annäherungshindernisse zurückgreifen. Die Heuneburg liegt auf einem gegen das Donautal vorspringenden Sporn, dessen ehemals sanfter Hang vom Fluss zu einer steilen Flanke abgearbeitet wurde. Die Wahl dieses Standortes wurde sicher auch von der verkehrsgeografischen Situation mitbestimmt: Jenseits des Donautales führt eine heute noch erkennbare schnurgerade Verbindung in Richtung Bodensee. Auf dieser Straße wird ein reger Betrieb geherrscht haben: Handwerkliche Produkte von der Burg wurden in den Süden verhandelt, kostbare Importgüter gelangten von dort auf den Herrensitz. Von 1950 bis in die frühen Achtzigerjahre hat das Institut für Vor- und Frühgeschichte der Universität Tübingen die Burg und ihre Umgebung großflächig erforscht und eine nur zeitweise unterbrochene Siedeltätigkeit nachgewiesen. Auf der bewusst eingeebneten 3,3 ha großen Hochfläche entsteht zu Beginn der Hallstattzeit um 600 v. Chr. eine erste Niederlassung, die mit einer ringsum verlaufenden Holz-Erde-Mauer geschützt wird. Das Aussehen der bis dahin eher unregelmäßig angelegten Siedlung und der Umwehrung ändern sich jedoch schon bald.

Mediterrane Baukunst

Ein ungewöhnlicher und für den Raum nördlich der Alpen bisher einmaliger Befund macht die engen Beziehungen der Heuneburg-Dynastie zum mediterranen Raum fassbar.

Das gesamte Siedlungsareal erhält eine Umgrenzung in neuer Technik: Über einen 3 m breiten Sockel aus Kalksteinblöcken wird eine etwa 3–4 m hohe Lehmziegelmauer gesetzt, die vor allem an der nordwestlichen Seite durch kräftige vorspringende Türme zusätzlich verstärkt und rundum mit einem Wehrgang versehen ist. Die vorgefertigten, luftgetrockneten Ziegel sind wohl direkt in der Burg hergestellt worden. Eine derartige Konstruktionsweise kennt man nur aus südlichen Ländern. Es mag ein aus dem Mittelmeergebiet stammender Baumeister gewesen sein, der seine Kenntnis derartiger Anlagen mitgebracht und auf die hiesigen Verhältnisse übertragen hat. Ein roher Lehmziegelwall hätte sich allerdings bei den herrschenden Witterungsbedingungen nicht lange gehalten. Deshalb wurde er mit einer dicken Schicht Kalkverputz gegen Regen und Schnee abgedichtet. Diese Lehmziegelmauer bestand immerhin über 50 Jahre lang, bevor sie durch Brand zerstört wurde.

Jedem Handwerk sein Viertel

In dieser Periode ändert sich aber auch die Anordnung der Gebäude im Inneren. Offenbar werden sie jetzt nach einem verbindlichen Bauplan angelegt und funktionsgerecht zusammengefasst, so dass bestimmte Wohnbezirke, Speicherareale und Handwerkerviertel entstehen. Im südöstlichen Burgbereich rechts und links des großen sog. Donautores, ließen sich z. B. die Metallwerkstätten nachweisen. Nach der Brandkatastrophe, der die Siedlung und die Lehmziegelmauer zum Opfer fielen, werden wieder die in einheimischer Technik ausgeführten Pfostenschlitzmauern errichtet. Die vielfältigen Beziehungen zum Süden bleiben aber weiterhin bestehen. Davon zeugen zahllose importierte Güter: Transportamphoren für Öl und Wein, Bronzegefäße und Tafelgeschirr aus Etrurien und der Provence. Besonders bemerkenswert ist der Bestand an griechischer Keramik –

es wurden fast 100 Fragmente schwarzfiguriger attischer Gefäße entdeckt. Ein letzter Großbrand im 5. Jahrhundert v. Chr.(?) führt zum endgültigen Untergang der Burg; bis zum Mittelalter wird sie nicht mehr besiedelt. Die Geschichte der Heuneburg, ihrer Außensiedlung und ihrer Nekropolen ist wechselvoll und vielgestaltig. Die Befunde und Funde dieses frühkeltischen Fürstensitzes lassen ein deutlich differenziertes Sozialgefüge mit einer adeligen Führungsschicht und einer wohlhabenden Bevölkerung erkennen.

Freilichtmuseum Keltischer Fürstensitz Heuneburg

Auskünfte: Bürgermeisteramt, Ortsstraße 2, 88518 Herbertingen-Hundersingen

Anmeldung und Führungen für Gruppen:
Tel. 07586/917303 (auch Fax) oder 1976
E-Mail: flm.heuneburg@t-online.de;
www.dhm.de/museen/heuneburg/

Vergangenheit fassbar gemacht

Seit 1998 herrscht wieder Leben auf der Burg: Eine Nachgrabung im Bereich der Südostecke zur Klärung des Mauerverlaufs und der Torsituation wurde begleitet von den ersten Maßnahmen zur Errichtung eines Freilichtmuseums in diesem Bereich. Über dem weitgehend erhaltenen Kalksteinsockel wurden insgesamt 80 m der Lehmziegelmauer mit holzüberdachtem Wehrgang und dem Donautor rekonstruiert. Das Gelände innerhalb der Umwehrung wurde auf seinen originalen Laufhorizont, etwa 80 cm unter der heutigen Oberfläche abgetieft. Hier entstanden an den ursprünglichen Standorten drei Gebäude des ehemaligen Handwerkerquartiers: Ein Wohnhaus, ein Speicher und eine Werkstatt dienen nun als Veranstaltungs- und Ausstellungsräume, hier und im Bereich zusätzlich geschaffener Freiflächen finden Vorführungen aus dem Gebiet der Experimentellen Archäologie und museumspädagogische Aktionen statt. Zahlreiche Schulprojekte sind bereits durchgeführt worden und werden selbstverständlich fortgesetzt und erweitert. Wer sich heute vom Donautal der Heuneburg nähert, erkennt schon von weitem die leuchtende Fassade der weiß verputzten Lehmziegelmauer, sinnfällig ist hier Vergangenheit fassbar gemacht.

Der hölzerne Wehrgang wird errichtet.

Das riesige Grabmonument der „Baumburg" hat in späteren Zeiten auch noch anderen Zwecken gedient.

Die Baumburg

Der Archäologische Wanderweg führt von der Heuneburg wieder abwärts, zwischen den Gebäuden der Staatshofdomäne Talhof hindurch, und verläuft dann in westliche Richtung hinab zu einem kleinen Bachtälchen und weiter bis nach unten an die Donaufurt. Es geht weiter eng am Steilufer der Donau entlang, bis nach etwa 1 km der nächste Großgrabhügel sichtbar wird, die Baumburg.

Keltisches Fundament für mittelalterliche Burg

Der im Durchmesser 75 m mächtige Grabhügel „Baumburg" gehört ebenfalls zu den Fürstengräbergruppen um die Heuneburg. Er wurde allerdings im Mittelalter zweckentfremdet, als gegen Ende des 11. Jahrhunderts ein Adelsgeschlecht den Hügel zum Unterbau für die Errichtung einer Turmhügelburg wählte und ihn dementsprechend umgestaltete. Entweder wurde der Grabhügel mit zusätzlichem Material überschüttet und darauf die Plattform für den Wohnturm, eine schräg geneigte Terrasse und eine Auffahrtsrampe geschaffen, oder aber der Hügel wurde „geköpft", auf dem so gewonnenen flachen Untergrund der Turm erbaut, die Hügelseiten abgeschrägt und terrassiert. Ein weitläufiger Außengraben zeigt, dass diese Turmhügelburg nicht isoliert stand, sondern zusammen mit Wirtschaftsgebäuden innerhalb landwirtschaftlicher Flächen, die von einer Palisade umgeben waren.
Die letzte Station des Wanderweges ist der 250 m südwestlich gelegene Fürstenhügel

Lehenbühl

Opfer früher Raubgräber

Der eindrucksvolle Grabhügel Lehenbühl ist noch knapp 6 m hoch und hat einen Durchmesser von 70 m. Wahrscheinlich war es eine hölzerne Nebenkammer, auf die J. Dorn im letzten Jahrhundert stieß und aus der er nur wenige Funde, unter anderem eine Schlangenfibel und Reste eines Eisenmessers, bergen konnte. Offenbar war auch diese Bestattung antiker Beraubung zum Opfer gefallen.
Der stattliche Tumulus des Lehenbühl bildet zusammen mit der Baumburg ein archäologisches Ensemble ersten Ranges, das aber auch als Geländedenkmal fasziniert.
Der Wanderweg führt über ein leicht ansteigendes Sträßchen zum Ausgangspunkt in Hundersingen zurück.

WANDERWEG Heubach, AA

Rosenstein

Anfahrt: Über die B 29 Stuttgart–Aalen. Bei Unterböbingen nach Heubach abbiegen. Vor dem südlichen Ortsende (Richtung Bartholomä) links ein **Hinweisschild „Fernsehturm-Rosenstein“.** Nach 300 m Parkplatz am Bergfuß. Mehrere Wanderwege führen auf das Plateau. Bei gutem Wetter Fahrt über den „Pionierweg“ nach oben möglich, hier Wanderparkplatz mit Übersichtstafel.
Mit der Bahn Stuttgart–Aalen, in Mögglingen aussteigen und von hier mit dem Bahnbus bis Heubach. Auch der Radwanderweg „Herausforderung Albuch“ führt auf den Rosenstein.

Reise in die Zeit

Eine Wanderung über den Rosenstein gleicht einer Reise in die Zeit. Von der Altsteinzeit bis zum späten Mittelalter hat der Berg Zeugnisse der hier lebenden Menschen bewahrt. Wenn auch die Funde geborgen sind, so vermitteln doch die zahlreichen Höhlen in den steilen Felshängen, die Wälle, Gräben und Ruinen auf der Gipfelfläche einen lebendigen Eindruck von der jahrtausendelangen Anziehungskraft dieses markanten Massivs. Mythen, Sagen und Legenden rund um den Rosenstein sind noch heute bekannt und vermischen sich mit den Ergebnissen historischer Forschungen. Vor allem der Heubacher Arzt Dr. Franz Keller (1852 bis 1938) hat mit seinen archäologischen Untersuchungen in den Höhlen und an den Befestigungsanlagen Antworten auf viele bis dahin offene Fragen geben können. Abgesehen von den Umwehrungen der spätmittelalterlichen Burg des 13.–16. Jahrhunderts sind auf der Fläche insgesamt vier Wall- und Grabensysteme aus unterschiedlichen Zeiten nachgewiesen. Dazu kommen die Untersuchungen der Felsenhöhlen, die zahlreiche ur- bis frühgeschichtliche Funde erbrachten.

Schutzwälle verschiedener Epochen

Von Heubach heraufkommend, passiert man direkt nach dem ehemaligen Steinbruch die Wälle A und B. Vor der älteren, nur aus Erde aufgeschütteten Befestigung B liegt der 10 m breite Wall A. Es ist eine Konstruktion aus doppeltem Mauerschalenwerk mit hölzernen Querankern und einer Füllung aus feinem Kleinschutt. Entweder war die Wallkrone oder die Front der Mauer mit geschnittenen Tuffquadern bekrönt bzw. verblendet. Diese aufwändige Bauweise und das verwendete Material erschweren allerdings eine eindeutige Datierung dieses Wallstücks. Über den Schlossweg Richtung Nordwesten kommt man zur 400 m langen Befestigung des Walls C, der aufgrund seiner Bauart und der geborgenen Funde eindeutig in die Hallstattzeit gehört und wohl eine Siedlung der gleichen Epoche im westlichen Bereich des Rosensteins sicherte. Folgt man dem Weg weiter an der Waldschenke vorbei, so trifft man auf die Befestigung E, den in den Fels eingeschlagenen Graben der Burg Rosenstein, die, in exponierter Lage auf dem Bergsporn liegend, in einigen Teilen *(Palas)* gut erhalten ist.

Wall und Höhlen – Schutz und Refugien

Unterhalb der Burg öffnet sich der Eingang der Höhle „Kleine Scheuer", die schon im Jungpaläolithikum aufgesucht worden war. Auf dem Rückweg kann der geübte Wanderer noch zur „Dreieingangshöhle" südöstlich der Waldschenke hinabsteigen, die vor allem den Menschen der Spätbronzezeit zeitweilig Schutz geboten hat. Will man auch den östlichen Bereich der Gipfelfläche erkunden, so erkennt man bald das längste Sperrwerk des Rosensteins, den 650 m langen Wall D, der sich fast über die gesamte Breite des Berges hinzieht und wohl als Holz-Erde-Konstruktion vielleicht schon in der Bronzezeit errichtet worden war. Unterhalb des südlichen und nördlichen Felsabbruchs liegen die Höhlen „Finsterloch", „Große Scheuer" und „Haus". Früh- und spätbronzezeitliche Keramik, aber auch Scherben römischer und alamannischer Zeitstellung sind in ihnen gefunden worden. Zu allen Höhlen kann man hinuntersteigen, allerdings sind feste, rutschsichere Schuhe unbedingt erforderlich. Der Rosenstein verbindet einmalige Naturschönheit mit faszinierenden prähistorischen und mittelalterlichen Bauwerken auf seiner Gipfelfläche. Und die Höhlen wirken als zeitweiliger Aufenthaltsort des ur- und frühgeschichtlichen Menschen als fast geheimnisvoll erscheinende Stätten.

Heuneburg siehe **Herbertingen**

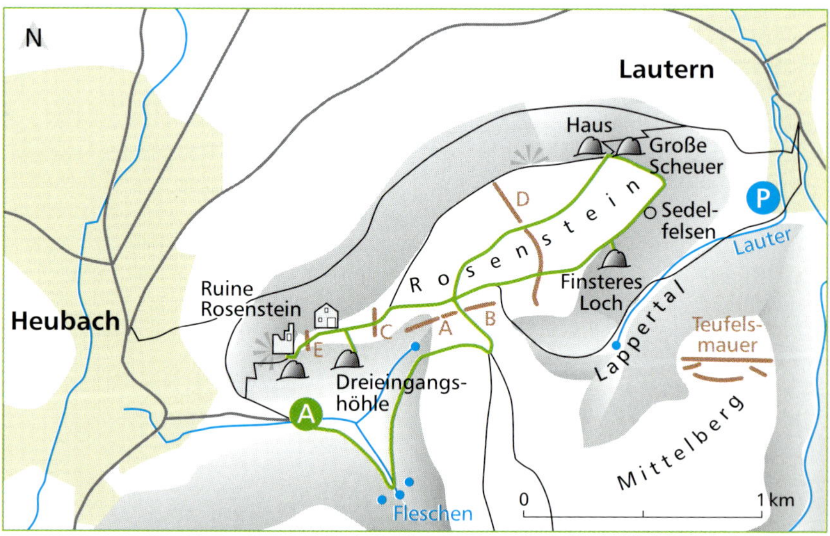

Hirschberg an der Bergstraße-Großsachsen, HD

Anfahrt: Über die Autobahn A 5 Heidelberg–Darmstadt, Ausfahrt Hirschberg. Richtung Hirschberg auf die B 3, im Ort ab dem Marktplatz beschilderter Weg zum Gutshof, etwa 30 Min.

Römischer Gutshof

Landgut im Schnittpunkt moderner Verkehrsadern

Die Erbauer des Gutshofes konnten nicht ahnen, dass der Standort ihrer Villa heute mit „verkehrsgünstige Lage" beschrieben werden müsste. Zwischen Autobahn, Eisenbahntrasse und Bundesstraße gelegen, lässt sich dennoch ihre ehemalige Schönheit erkennen, selbst die nahe Umgebung hat eine gewisse Idylle bewahrt. Tatsächlich aber wurde der Platz für die Errichtung eines römischen Landgutes nicht zuletzt deshalb ausgewählt, weil die Nähe zu *Lopodunum,* dem Civitasvorort, aber auch zum *vicus* von Heidelberg-Neuenheim gegeben war. Den ersten hölzernen Bauten folgte um 150 n. Chr. ein einfaches steinernes Wohngebäude mit einer größeren Halle im Zentrum, in der ein Herd stand. Rechts und links dieser Halle schlossen sich je zwei symmetrisch angelegte Räume an. Die nördlichen sind durch Backofen und Keller als Wirtschaftsbereiche charakterisiert, die südlichen dienten wohl als Repräsentationsräume.

Wie bei den römischen Kastellen, so gehört auch bei den römischen Landsitzen das eigene Badegebäude zur Standardausstattung.

Die schlanken, an Zypressen gemahnenden Pappeln auf dem Gelände des Landgutes verstärken den Eindruck südlichen Flairs in der Großsachsener *villa rustica*.

Treffpunkt der Bewohner

In der Halle haben sich die Gutsbewohner getroffen und sich in den kalten Wintern am Feuer gewärmt. Vor der Front des Gebäudekomplexes verlief eine *porticus*, die man über eine Rampe erreichte. Etwas abseits lag ein kleines Bad, das zum sog. Blocktypus gehört. Es besaß einen Umkleideraum *(apodyterium)*, ein Kaltbad *(frigidarium)*, ein Laubad *(tepidarium)* und ein Warmbad *(caldarium)*. Ein kleiner Tempel diente der Verehrung einer unbekannten Gottheit.

Wenige Jahrzehnte später wurde der Gutshof umgebaut und erweitert. Das Hauptgebäude erhält ein völlig neues Aussehen: An den Ecken erheben sich zwei quadratische Anbauten, die durch einen abgewinkelten überdachten Korridor verbunden sind. Das früher atriumähnliche Haus wird zur Portikusvilla mit Eckrisaliten. Die Wirkung dieser repräsentativ gestalteten Gebäudefassade wird erhöht durch den Bau eines Wasserbeckens, das fast so lang ist wie die Front der Villa. Den Wirtschaftsräumen wird ein weiterer Keller zugefügt, das Heiligtum vergrößert und das Bad erhält einen Schwitzraum *(sudatorium)*.

Vom Gutshof zur Villa

Eine dritte Baumaßnahme zu Beginn des 3. Jahrhunderts vergrößert die Anlage noch einmal beträchtlich. An der rückwärtigen Seite der Villa entsteht ein Anbau mit zwei Stockwerken. Zum Tempel gelangt man nun durch einen von Säulen flankierten Gang, der vor dem Heiligtum in apsidenartigen Erweiterungen endet. Charakteristisch für den gehobenen, ja sogar luxuriösen Lebensstil ist auch die erneute Erweiterung des Badegebäudes. Neben einem neuen Vorbau, in dem ein *labrum* stand, richtete man eine mehrsitzige Latrine mit Wasserspülung ein! Die ersten Überfälle der Germanen im Jahr 233 n. Chr. haben wohl zum Untergang der Villa geführt. Sie brannte ab und wurde nicht mehr aufgebaut.

Hochdorf siehe **Eberdingen**

Hohberg-Niederschopfheim, OG

Anfahrt: Über die Autobahn A 5 Offenburg–Lahr, Ausfahrt Lahr. In Lahr auf die B 3 Richtung Friesenheim-Hohberg. Südlich von Niederschopfheim links abbiegen Richtung Ichenheim, über die Bahnlinie hinweg. Noch vor der Autobahn auf den ersten asphaltierten Feldweg rechts einbiegen (Hinweisschild Parkplatz).

Römische Herberge

Straßen für die Infrastruktur

Jeder Reisende ist dankbar für die zahlreichen Raststätten, in denen er sich erholen, tanken, essen oder gar übernachten kann. So war es auch in römischer Zeit, als die neu gewonnenen Provinzen verkehrstechnisch erschlossen wurden. Nur selten wurden bestehende, dem Gelände angepasste Verbindungen benutzt und ausgebaut. Vor allem wurden breite, gut befestigte und möglichst geradlinig verlaufende Straßen angelegt, die zunächst dem Militär als Transportwege und als Achsen für Truppenverschiebungen dienten. Nach und nach aber entwickelte sich auch der Handel. Handwerkliche Betriebe aus den Siedlungen und Produktionsstätten landwirtschaftlicher Güter brachten ihre Waren in Umlauf, und so herrschte bald ebenso lebhafter Betrieb von Händlern und Reisenden auf den Straßen, wie vordem von den Soldaten. Deshalb wurden in regelmäßigen Abständen Straßenposten und Raststationen errichtet.

Erholung von Reisestrapazen

Die Besatzungen der Straßenposten, in der Regel Benefiziarier, überwachten, kontrollierten und sicherten die Verkehrswege. Die Raststationen dagegen dienten als Herbergen. Hier wurden die Pferde gewechselt, man konnte essen und ruhen, baden und bequem übernachten. An der rechtsrheinischen Parallele zur großen Fernstraße von Straßburg *(Argentorate)* nach Mainz *(Mogontiacum)* lag eine solche Raststätte, die archäologisch untersucht und deren Reste konserviert wurden. Ein erstes Gebäude entstand bereits um die Mitte des 1. Jahrhunderts n. Chr. Es ist ein geschlossener, tief fundamentierter steinerner Rechteckbau, der einen großen Innenhof umgab. Im Westflügel lagen mit figürlichen Wandmalereien geschmückte Wohnräume. Nachdem ein Brand in der zweiten Hälfte des 2. Jahrhunderts diese Anlage zerstört hatte, wurde ein neuer, allerdings wesentlich kleinerer U-förmiger Gebäudekomplex in Fachwerktechnik errichtet. Fünf mit Wandmalereien ausgestaltete Wohnräume an der Westseite lagen an einem schmalen Flur, der zu einem kleinen Bad mit einem beheizten und einem unbeheizten Raum führte. Beide Baderäume besaßen eine kleine Apsis, in der eine Badewanne stand. Stallungen in der Nordwestecke des Hofs und zwei Werkstätten zur Eisenverarbeitung rechts und links vor dem Eingangstor vervollständigten die Herberge, die im 3. Jahrhundert n. Chr. den Alamannen zum Opfer fiel.

Hüfingen, VS

Anfahrt: Über die Autobahn A81 Oberndorf/Neckar–Engen, Ausfahrt Geisingen.
Über die B31/33 Richtung Donaueschingen, dann links über B31 nach Hüfingen.
Im Ort Hinweisschildern „Römisches Bad" folgen.
Vom Bahnhof etwa 1,5km zu Fuß.

Römisches Kastellbad

Römerbadmuseum, Schosenweg, 78183 Hüfingen
Tel. 0771/600924, Fax 600922

Öffnungszeiten:
1. Mai bis 31. Okt.: So und Fei. 14–17 Uhr; während der Sommerferien in Baden-Württemberg tägl. 10–17 Uhr
Archäologische Führungen und museumspädagogische Angebote nach telefonischer Vereinbarung.
Informationen: Informations- und Kulturamt, Hauptstr. 16–18, 78183 Hüfingen

Mäzene für römische Ruinen

Wie sehr die Rückbesinnung auf die klassische Antike die Gelehrtenwelt, aber auch wohlhabende Mäzene beschäftigte, zeigt nicht nur der beträchtliche Aufschwung in Kunst, Architektur, Dichtung und Wissenschaft im renaissancezeitlichen Italien, sondern auch hier zu Lande entdeckte man die römische und damit die eigene Geschichte. Denn viele Ruinen römischer Bauwerke waren entweder noch sichtbar, oder man wusste um ihre Standorte. Die ersten archäologischen Nachforschungen in und um Hüfingen datieren in die ersten Jahre des 17. Jahrhunderts. Zwar wurde es anschließend wieder ruhiger um die Römerforschung, doch 1820 gelang dem Regensburger

Der Schutzbau über der römischen Ruine ist heute selbst ein Denkmal.

Professor A. Buchner der Nachweis, dass es sich bei den zahlreichen Überresten dieser Zeit auf Hüfinger Markung um die römische Niederlassung *Brigobannis* handelt, die auf der *Tabula Peutingeriana* verzeichnet ist - diese Erkenntnis war geradezu von sensationeller Bedeutung, lag doch hier das älteste schriftliche Dokument für die Besiedlung Hüfingens vor. Die Peutinger Tafel ist eine im Mittelalter entstandene Kopie einer römischen Straßenkarte des 4. nachchristlichen Jahrhunderts, die eine Zeitlang in Besitz des Augsburger Humanisten K. Peutinger war.
Der erste Mäzen tritt nun auf: Fürst Karl Egon II. zu Fürstenberg beschließt, das in Teilen schon bekannte Badegebäude freilegen zu lassen. Unmittelbar nach Abschluss der Ausgrabungen 1821 veranlasst der Fürst, dass die Anlage mit einem Haus zu schützen sei und lässt ein Gebäude im Stil der von der Baar

bekannten Scheunen aufstellen: Ein im Sinne der Denkmalpflege bemerkenswerter Entschluss! Das zum Kastell auf dem Galgenberg gehörende Badegebäude ist nur ein kleiner sichtbarer Teil eines in römischer Zeit ungewöhnlich dicht besiedelten Areals. Westlich und östlich der Straße von *Vindonissa* (Windisch) nach *Arae Flaviae* (Rottweil) erstreckte sich die Zivilsiedlung, südlich der Breg lag das Steinkastell mit dem Bad, ein älteres Holz-Erde-Lager im Gewann „Krumme Äcker“ und ein ausgedehntes Gräberfeld südöstlich davon.

Denkmal im Kulturdenkmal

Das Hüfinger Bad, wohl in den Siebzigerjahren des 1. Jahrhunderts n. Chr. erbaut, gehört zu den ältesten Kastellbädern nördlich der Alpen. Es bildet einen in sich geschlossenen Baukomplex und besaß in seinem älteren, südlichen Teil einen Heizraum (*praefurnium*) und einen Warmbaderaum *(caldarium)* mit halbrunder Apsis, in der ein Springbrunnen stand. Parallel dazu schließt sich das Laubad *(tepidarium)* an sowie ein Kaltbaderaum *(frigidarium)* mit einem separaten Badebecken *(piscina)*. Später wurde an der Nordseite ein großer Ankleide- und Ruheraum angefügt, in dessen Mitte ein großes quadratisches Becken eingelassen war. Das Schwitzbad *(sudatorium)* an der äußeren Nordwestecke ist kreisrund und war wahrscheinlich von einer Kuppel überwölbt. Der Zustand der beiden Denkmale – denn auch der Schutzbau ist inzwischen ein Kulturdenkmal – machte eine Sanierung dringend erforderlich, die in den Neunzigerjahren durchgeführt wurde. Die römische Ruine wurde gesichert und der scheunenartige Schutzbau behutsam modernisiert.

Im Raum B ist ein Stück der Fußbodenheizung restauriert worden.

Hügelsheim, RA

Anfahrt: Von Rastatt über die B 36 nach Hügelsheim. Nach dem Ort Richtung Baden-Airport. Etwa 1 km südwestlich (von der Kirche aus gerechnet) liegt links der Straße der Großgrabhügel.

Grabhügel „Heiligenbuck"

Verlorenes Beutegut

Ehemals südlich eines Rheinarms in abgelegener, stiller Landschaft aufgeschüttet, liegt der noch 3,5 m hohe, im Durchmesser 70 m große Hügel heute im Zwickel zweier Straßen. Der ursprünglich wohl mindestens dreimal so hohe Grabbau wurde Ende des 19. Jahrhunderts untersucht und teilweise abgetragen. Späteres Überpflügen hat ihn weiter verflacht. Seine erste Zerstörung erfuhr er allerdings schon in prähistorischer Zeit. Auf der Suche nach kostbaren Beigaben hatten Grabräuber von oben her einen Schacht zur Zentralkammer getrieben. Nach erfolgreichem Beutezug, auf dem gleichen Wege wieder nach oben verschwindend, hatten sie in ihrer Hast allerdings mehrere Kleinteile verloren. Dies ergaben die Untersuchungen im Jahr 1880. Der Tote, ein Mann von hohem Rang, war in der ersten Hälfte des 6. Jahrhunderts v. Chr. bestattet worden und lag in einer hölzernen Kammer, die ringsum von einem Steinmantel wie von einer Mauer umgeben war. Diese besaß an der Südwestseite offenbar eine Art Eingang. Was die „Tombaroli" übrig gelassen hatten, war immerhin noch genug, um eine Deutung einzelner Fragmente der prächtigen Grabausstattung zu erlauben. Die Kammer enthielt einen Wagen mit Pferdegeschirr, Bronzeeimer und -schale, einen Kessel und eine kleine Kanne. Zu des Toten persönlichen Gegenständen zählten ein Dolch, eine Schlangenfibel und mit Bronze verziertes Lederzeug. Keines der gefundenen Objekte aber gibt Auskunft darüber, wo der vornehme Tote zu Lebzeiten gewohnt hatte.

Hundersingen siehe **Herbertingen**

Aus geringen Resten ermittelt – die reiche Ausstattung der Grabkammer.

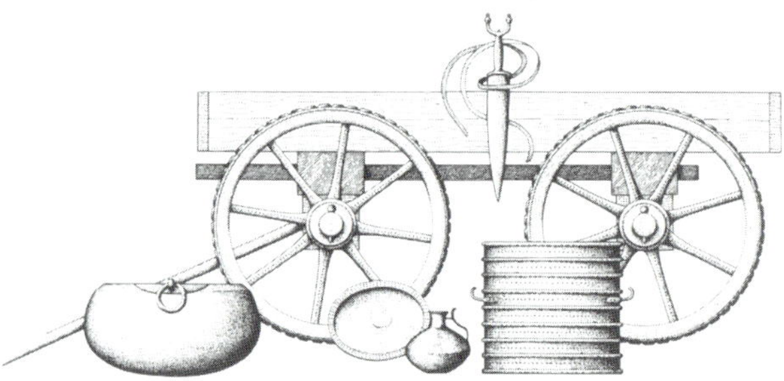

Jagsthausen, HN

Anfahrt: Über die A 81 Heilbronn–Würzburg, Ausfahrt Osterburken (von Norden) oder Möckmühl (von Süden). Jeweils über ausgeschilderte Landstraße nach Jagsthausen. Im Ort der Beschilderung „Römerbad" folgen.

Römerbad

Militärstützpunkt zwischen Jagst und Kocher

Direkt an der Deutschen Limesstraße gelegen, lockt Jagsthausen nicht nur die Besucher der jährlich stattfindenden Burgfestspiele auf der Götzenburg an. Denn obwohl der durch das Werk Goethes unsterblich gewordene Stammsitz des Götz v. Berlichingen zweifellos attraktiver Mittelpunkt des Städtchens ist, hat sozusagen die Geschichte einen weiteren Anziehungspunkt geschaffen. Schon im 2. und 3. Jahrhundert n. Chr. war Jagsthausen ein wichtiges militärisches Zentrum mit blühendem Handwerk und weit reichenden Handelsbeziehungen über die römischen Provinzgrenzen hinaus.

Der römische Stützpunkt war schon im 18. Jahrhundert Objekt des Forschungsinteresses, obwohl die ersten planmäßigen Ausgrabungen dann erst ein Jahrhundert später in Angriff genommen wurden, die u. a. das Kohortenkastell und das dazugehörende kleine Bad lokalisieren konnten. Das etwa 2,5 ha große Lager liegt zwischen der Götzenburg und dem Weißen Schloss; seine Überreste sind heute durch die Parkanlage gut geschützt. Die im Kastell stationierte *Cohors I Germanorum* hatte den strategisch wichtigen Limesabschnitt zwischen Jagst und Kocher zu überwachen.

Archäologisches Reservat

Ab 1984 führte das Landesdenkmalamt Baden-Württemberg erneut planmäßige Ausgrabungen durch, die ein nahezu lückenloses Bild des römischen Militärkomplexes und der umgebenden,

Zwei Nachbildungen der römischen Inschriftensteine.

fast städtisch geprägten Zivilsiedlung erbrachten. Als 1992 das Ensemble des römischen Kastellbades an der Friedrich-Krapf-Straße überbaut werden sollte, gelang es tatsächlich, diesen wichtigen Befund nach der Untersuchung vor weiteren Eingriffen zu schützen und das gesamte Areal als archäologi-

Glückliche Fügung aller Angelegenheiten erbaten sich die Bewohner von der Göttin Fortuna.

sches Reservat auszuweisen. Hier liegt heute das Freilichtmuseum „Römerbad". Die freigelegten Befunde sind konserviert. Man erkennt das Laubad *(tepidarium)*, das großzügige Warmbad *(caldarium)* und die Sauna *(sudatorium)*. Die weiteren Räume des großen Badekomplexes sind unterirdisch im Bereich neben der Hauptstraße verborgen. Schautafeln und Kunststeinabgüsse von Statuen, Säulen, Reliefs und Inschriften beleben den Komplex der konservierten Befunde.

Älteste und jüngste Inschrift am Limes

Im Freilichtbereich wird aber auch deutlich, wie wichtig Jagsthausen nicht nur als Ort römischer Präsenz in Obergermanien war, sondern dass es auch der Limesforschung unschätzbare Daten geliefert hat. Die älteste und die jüngste Inschrift wurden hier entdeckt! Aus dem Kastell stammt die in Stein „verewigte" Kaisertitulatur des Antoninus Pius (138–160), aus dem Kastellbad, das an der Gartenstraße nachgewiesen wurde, das jüngste Schriftzeugnis, eine Renovierungsinschrift aus den Jahren 247–49.

Ein mit Schautafeln erläuterter Rundweg durch die Stadt und, nicht zu vergessen, die ausgestellten Funde im bezaubernd altmodischen Götzenburgmuseum ergänzen auf lebendige Art das Bild der römischen Geschichte Jagsthausens.

Kaltbrunn siehe **Allensbach**
Kilchberg siehe **Tübingen**

Auch das Stück einer Jupitergigantensäule steht im Freilichtmuseum.

Köngen, ES

Anfahrt: Über die A8 Stuttgart–Ulm, Ausfahrt Wendlingen, dann auf die B313, Ausfahrt Köngen nehmen. Hier zum Zentrum bis zum Kreisverkehr mit Nachbildung einer Jupitergigantensäule. Nach links und der Beschilderung „Römerpark" folgen bis zum Parkplatz vor dem Eingang des Parks.

Römerpark und Museumspavillon

Ringstraße, 73257 Köngen
Tel. 07024/800730, Fax 800739
E-Mail: Gemeinde@Koengen.KdRS.de

Öffnungszeiten:
April bis Oktober: So und Fei. 10–18 Uhr und nach Vereinbarung

Einziges erhaltenes Kastell am Neckarlimes

Von allen sechs römischen Kastellen am sog. Neckarlimes ist das Kastell Köngen/*Grinario* das einzige, das nie vollständig überbaut wurde. Im späten 18. Jahrhundert entdeckt, haben bis zur Sicherung der Anlage reglmäßig kleinere Grabungen stattgefunden, die zu deutlichen Aussagen über Größe und Art des Lagers führten.
Es war die Ortsgruppe Köngen des Schwäbischen Albvereins, die sich immer wieder für den Schutz, aber auch für die Präsentation dieses großen Denkmals einsetzte. Die Fundamente des südlichen Kastellturms und Teile der angrenzenden Kastellmauer wurden schon 1887 konserviert. 1911 wurde dann die Rekonstruktion der ergrabenen Befunde feierlich eingeweiht. Heute zeigt man im wieder errichteten Turm eine kleine Ausstellung zum römischen Militär.
Das rund 2,4 ha große Lager wurde im Bereich einer keltischen Siedlung errichtet. Keltisch ist auch der Name des Kastells: Es ist eindeutig als Grinarione *(Grinario)* auf der Peutinger Tafel lokalisiert und durch eine in Köngen gefundene Bauinschrift zweifelsfrei identifiziert. Die Besatzung allerdings kennt man nicht mit Namen. Die Größe des Lagers spricht für eine Kohorte, d.h. etwa 500 Mann, bestehend aus Infanterie und Reiterei. Das Kastell, um 85/90 n.Chr. erbaut, bestand bis zur Vorverlegung des Limes nach Osten (um 155 n.Chr.) unter Kaiser Antoninus Pius. Damit wurde das Kastell an dieser Stelle überflüssig und die Einheit nach Lorch verlegt.

Schon 1911 wurde der südliche Kastellturm wieder aufgebaut.

Am schönsten wirken die römischen Steindenkmale vor frühlingshafter Kulisse.

Lebendig gestaltete Geschichte im archäologischen Reservat

Bis auf den wieder aufgebauten Südturm mit Mauer ist die Umwehrung des Lagers heute durch Erdwälle mit Heckenbepflanzung nachvollzogen. Sehr originell und reizvoll wirkt die Markierung der ehemaligen Tore, Eck- und Zwischentürme mit hohen, schlanken Pappeln. Teile der nachgewiesenen Innenbebauung sind mit Steinplatten im Boden angedeutet und die Wege im Park entsprechen dem Verlauf der einstigen Lagerstraßen. Man betritt die Anlage durch das hintere Lagertor, die *porta decumana*, und steht zunächst vor dem Bronzemodell des Kastells *Grinario*. Links im Park erkennt man den Grundriss eines Speichergebäudes, rechts, über den Fundamenten eines Zwischenturmes erbaut, steht der große Museumspavillon. Hier wird der Besucher anhand von Didaktiktafeln, Rekonstruktionen, Plänen, Karten und nicht zuletzt durch die Fülle originaler Funde in die römische Geschichte des Ortes und der Region eingeführt.

Folgt man der *via decumana*, so stößt man auf die *principia* und deren rückwärtige Raumzeile mit Schreibstuben, Verwaltungsräumen und Fahnenheiligtum. Rechts der *principia* gruppieren sich die Steindenkmäler zum Thema „Römische Verwaltung“, links hat man den Eindruck eines ‚Heiligen Hains‘, hier stehen die Skulpturen und Reliefs zur römischen Religion. Wer um die *principia* herumgeht, kann entweder der *via principalis* zum Badegebäude folgen, das erst nach Aufgabe des Kastells angelegt wurde, oder erst über die *via praetoria* zum vorderen Lagertor, der *porta praetoria* gehen. Vor dem wieder aufgebauten Eckturm steht die Nachbildung der Jupitergigantensäule aus Walheim.

Jeder Bereich im Park hat sein eigenes Thema. Hier geht es um Religion und Kult.

Nachdem es gelungen war, das Kastellgelände aus dem Bebauungsplan herauszunehmen und das Lager als Kulturdenkmal besonderer Bedeutung in das Denkmalbuch des Landes einzutragen, ist hier ein archäologisches Reservat für zukünftige Generationen entstanden, das gleichzeitig die Öffentlichkeit teilhaben lässt an den spannenden Ergebnissen landesarchäologischer Forschung.

Konstanz, KN

Anfahrt: Über die A81 Stuttgart–Singen bis Kreuz Hegau, von dort auf der B33 nach Konstanz. Das Museum ist ausgeschildert.

Archäologisches Landesmuseum

Archäologisches Landesmuseum Baden-Württemberg Außenstelle Konstanz, Benediktinerplatz 5, 78467 Konstanz
Tel. 07531/98040, Fax 68452
E-Mail: info@konstanz.alm-bw.de,
http://www.konstanz.alm-bw.de

Öffnungszeiten:
Di–So 10–18 Uhr; 24., 25., 31. Dezember und 1. Januar geschlossen

Wer sich einen Gesamtüberblick über die Ergebnisse landesarchäologischer Forschung und ihre aktuelle Präsentation verschaffen will, dem sei das Archäologische Landesmuseum Baden-Württemberg empfohlen.

Von der Steinzeit bis zum 19. Jahrhundert präsentiert dieses junge Museum auf mehr als 3000 m² in Vitrinen, Schautafeln, Modellen, Videos und Computeranimationen die Kulturgeschichte dieses Raumes, die natürlich die Geschichte des Menschen ist. Regelmäßige Aktionen, Vortragsveranstaltungen, Exkursionen und museumspädagogische Angebote gehören zum festen Programm des Museums. Laufend wechselnde Sonderausstellungen sorgen für die Aktualität des Gesamtkonzepts. Der Fund des ältesten erhaltenen Fähr- und Transportschiffs vom Bodensee war sogar einen neuen, gläsernen Anbau wert, in dem die Schifffahrtsgeschichte von der Steinzeit bis zum vorletzten Jahrhundert vorgestellt wird.

Reizvoller Kontrast: Die barocke Fassade des ehemaligen Klosters Petershausen spiegelt sich im modernen Anbau der Schiffahrtsabteilung.

Ladenburg, HD

Anfahrt: Über die Autobahn A 5 Walldorfer Kreuz–Heidelberg, Ausfahrt Ladenburg, dann Richtung Stadtmitte.

Römische Stadt Lopodunum

Auskünfte: Stadt Ladenburg, Hauptstr. 7, 68526 Ladenburg, Tel. 06203/70104, Fax: 70250

Stadtführungen (inkl. Besuch des Forums Metzgergasse) durch den Heimatbund Ladenburg e.V., Vorbestellung bei: Stadtinformation, Tel. 06203/922603

Geschichte aus 2000 Jahren

„Stöbern Sie durch zwei Jahrtausende Kultur... Spuren römischer Vergangenheit gepaart mit mittelalterlichem Charme haben das Stadtbild geprägt." Mit diesen Worten wirbt Ladenburg für seine Stadt und lockt damit jährlich zahlreiche Besucher an.

Tatsächlich liegen nämlich unter dem romantischen Ort die Reste zweier großer Kastelle und einer ausgedehnten stadtartigen römischen Siedlung mit großen Monumentalbauten und einer Infrastruktur, die ihre Vorbilder in Rom zu haben scheint. Ladenburg kann auf eine 400-jährige Forschungsgeschichte zurückblicken; bis heute werden regelmäßig archäologische Untersuchungen durchgeführt.

Obwohl der Name *Lopodunum*, d.h. etwa „Sumpfstadt" oder „Seeburg", eine keltische Bezeichnung ist, sind bisher keinerlei Siedlungsreste jenes Zeitabschnitts bekannt geworden. In der Regierungszeit der Kaiser Tiberius und Claudius im 1. Jahrhundert n. Chr. werden, wahrscheinlich zur Sicherung der Rheingrenze, germanische Stammesverbände in diesem Gebiet sowie im ganzen unteren Neckarland angesiedelt. Es sind die *Suebi Nicrenses,* die Neckarsweben.

Kastell für Fußvolk und Reiter

Das älteste Römerlager (Kastell II) wurde vermutlich zu Beginn der Siebzigerjahre des 1. Jahrhunderts erbaut, als die Römer auch Teile des rechtsrheinischen Gebietes besetzten. Dieser Bau wurde aber wenig später zu Gunsten eines neuen, etwa 4 ha großen Kastells (Kastell I) aufgegeben, das etwas nach Süd-

Wie perfekt römische Bronzegießer ihre Arbeit beherrschten, zeigt diese weibliche Büste.

osten versetzt, zunächst als Holz-Erde-Lager und dann in Stein ausgebaut wurde. Die durch dieses Lager ziehende *via principalis* war Teil der großen römischen Fernstraße Mainz-Heidelberg. Im Inneren standen die Stabsgebäude sie in den Dakerkriegen einzusetzen. Noch unter Traian werden im rechtsrheinischen Obergermanien der Wetterau-, Odenwald, Neckar- und Alblimes angelegt und das Hinterland in zivile Verwaltungsbezirke aufgeteilt.

Das Stadtbild Ladenburgs zeigt auch heute noch Spuren der römischen Strukturen.

und das *praetorium,* die Lagerkommandantur. Es waren Fachwerkbauten mit verputzten Wänden. Das Kastell dürfte eine mehr als 500 Mann starke Einheit beherbergt haben. Allerdings kann nur eine vom Niederrhein stammende Reitertruppe namentlich benannt werden, die *Ala I Cannanefatium.* Um das Kastell erstreckte sich ein ausgedehntes Lagerdorf *(vicus).* Mit dem Sieg Traians über die Daker 106 n. Chr. setzt eine grundlegende Neuordnung der Truppenverteilung und Grenzverteidigung an Rhein und Donau ein. Schon in den Jahren vorher hatte man große Truppenkontingente abgezogen, um

Vom Kastell zum *civitas*-Hauptort

Lopodunum wird nach Abzug der Truppen zum Hauptort der *Civitas Ulpia Sueborum Nicrensium* ernannt, d. h. des zivilen Verwaltungsbezirks der Neckarsweben, gegründet durch *M. Ulpius Traianus.* Diese zivilen Vor- oder Hauptorte besaßen zwar juristisch gesehen kein Stadtrecht, glichen aber in ihrem wirtschaftlichen und organisatorischen Aufbau durchaus den großen Munizipien. Nach wie vor bleiben aber die militärischen Baustrukturen maßgeblich für die Anlage des neuen zivi-

Bei St. Gallus sind die Mauern der mächtigen römischen Basilika freigelegt.

len Ortes. Auf dem Gelände des verlassenen Kastells II entstehen jetzt große und repräsentative öffentliche Bauten. Dort, wo früher die *principia* lagen, wird das Forum errichtet und mit dem Bau der dazugehörenden Basilika begonnen. So steht z. B. die *curia,* der Rats-Saal der Basilika direkt auf dem früheren *sacellum,* dem Fahnenheiligtum der *principia.*

Städtisches Gepräge

Die zahlreichen Ausgrabungen im Stadtgebiet von *Lopodunum* erbrachten eine Fülle weiterer bemerkenswerter Funde und Befunde, die die außergewöhnliche Pracht und den Wohlstand dieser stadtähnlichen Siedlung bezeugen. Es gab wohl ein zweites Forum, einen großen Palast mit aufwändigen Badegebäuden, wahrscheinlich zwei Theater, einen Ehrenbogen, Heiligtümer, prächtige Wohnbauten sowie natürlich Tavernen, Handwerksbetriebe und Märkte. Im 3. Jahrhundert wird der Ort mit einer Stadtmauer umgeben, deren Verlauf mit dem Bau der mittelalterlichen Stadtmauer weitgehend beibehalten wurde und auch heute noch im Luftbild gut zu erkennen ist.

Das Ende des römischen Ladenburg war gekommen, als in den Jahren 259/260 n. Chr. die Alamannen in das Gebiet einbrachen und die Siedlung zerstörten. Im 4. Jahrhundert jedoch kehrten die Römer noch einmal zurück und errichteten einen sog. *burgus,* einen Festungsbau mit innerem Turm, einer Kaserne und einem Brunnen. Aber auch diese Kleinfestung wurde wohl spätestens um 400 n. Chr. aufgegeben.

Schaufenster zur Römerzeit

An verschiedenen Stellen Ladenburgs sind die Reste der römischen Stadtsiedlung noch zu sehen:

Bei der Kapelle St. Sebastian:

Zu erkennen sind Überreste der *porta praetoria,* des vorderen Kastelltors vom Lager I, das 17 m breit war und eine doppelte Durchfahrt besaß. Sie können durch ein „archäologisches Schaufenster" besichtigt werden.

In der Kirche und im Pfarrgarten von St. Gallus:

Hier erstrecken sich die 5,4 m (!) eingetieften und über 2 m breiten Fundamente von Forum und Basilika. Wo die Mauern nicht sichtbar sind, ist ihr Verlauf im Pflaster markiert. Während das Forum fertiggestellt und auch benutzt worden war, kam der Bau der mächtigen Basilika nie zur Vollendung. Forum und Basilika waren im 2./3. Jahrhundert wirtschaftlicher und politischer Mittelpunkt nicht nur der Stadt, sondern der gesamten *civitas.* Das 140 m × 130 m Gebäudeensemble ist der größte römische Baukomplex im Gebiet rechts des Rheins!

Die Saalwand war mit architektonischen und floralen Motiven bemalt.

Im Forum Metzgergasse:
Über den freigelegten Fundamenten des Forums wurde ein geräumiger, z. T. unterirdischer Museumsbereich geschaffen, der alle wichtigen Informationen zum Forum und der Basilika vermittelt. Außerdem ist hier ein singulärer Befund ausgestellt: Aus dem Empfangs- oder Sommerspeiseraum des *praetoriums* im Kastell I stammt ein Teil der Ostwand mit vollkommen erhaltenem, bemaltem Wandverputz. Die von der Sockelzone bis zur Raumdecke erhaltene Wandmalerei erlaubt die bisher einzige sichere Bestimmung der Raumhöhe eines Fachwerkbaus im römischen Reich! Weitere Mauerzüge der Forumsgebäude sind im Straßenpflaster gekennzeichnet (Hinweistafel in der Metzgergasse).
Bei der Einfahrt zur Tiefgarage unter dem Rathaus:
Die mächtigen Fundamente eines spätrömischen *burgus* sind nicht zu übersehen. Eine breite Umfassungsmauer umgab einen 34 m × 25 m großen Innenraum, in dem eine Kaserne, ein Brunnen und ein massiver rechteckiger Turm mit 3–5 m mächtigen Mauern standen. Der Burgus konnte wohl 35 bis 40 Mann aufnehmen.
An der Heidelberger Straße und südlich des Ortes Neubotzheim:
Die Straße verläuft in südlicher Richtung auf dem Damm der ehemaligen römischen Fernstraße Mainz-Heidelberg. An ihrem Rand sind die Nachbildungen zweier Leugensäulen aufgestellt.

Lobdengaumuseum in ehemaligen Bischofshof

Bischofshof, 68526 Ladenburg
Tel. 06203/70270 (nur Sa und So)

Öffnungszeiten:
Sa und So 11–17 Uhr und
nach Vereinbarung

Das Museum, mit konservierten römischen Mauerresten im Außenbreich links, wurde kürzlich neu eingerichtet und bietet in seinen drei Abteilungen Archäologie, Stadtgeschichte und Volkskultur eine lebendige Zusammenschau der Entwicklungsgeschichte Ladenburgs. Die römische Abteilung zeigt eine Fülle großartiger Steindenkmäler, u. a. das rekonstruierte und farbig gefasste Kultbild aus einem der beiden Mithrasheiligtümer. Außerdem erfährt der Besucher alles über den Werdegang des römischen *Lopodunum* vom Garnisonsplatz bis zum Hauptort der *Civitas Ulpia Sueborum Nicrensium.*

Lauffen am Neckar, HN

Anfahrt: Den Ort Lauffen verlassen über die B 27 Richtung Ilsfeld. Nach 1,5 km trifft man rechts auf einen kleinen Parkplatz. Von hier aus beschilderter Fußweg zum Gutshof, etwa 300 m hangabwärts – und nachher wieder hoch!

Römischer Gutshof

Villa im Weinberg

Wie würden sich die Bewohner des römischen Gutshofs von Lauffen freuen, wüssten sie, in welcher Umgebung die Reste ihres einstigen Domizils heute zu finden sind: mitten in den Weinbergen, dort, wo die Reben kultiviert werden, deren Vorläufer sie in Germanien heimisch gemacht hatten!
Durch weitreichende Rebflurbereinigungsmaßnahmen war die archäologische Substanz stark gefährdet, so dass sich das Landesdenkmalamt Baden-Württemberg zu einer Ausgrabung des Objektes entschloss. Was die Untersuchungen zutage förderten, konnte sich wahrhaft sehen lassen.
Innerhalb eines von einer Hofmauer umfriedeten Areals lagen vier Gebäudekomplexe, die die letzte Ausbauphase der Gesamtanlage dokumentierten. Der größte Bau, eine Portikusvilla mit Eckrisaliten, lag am höchsten Punkt des zum Neckar abfallenden Hangs. Von hier aus hatte der Hausherr nicht nur alle Bereiche seines Betriebes im Blick, sondern genoss auch die prächtige Aussicht auf das Neckartal.

Wie in römischer Zeit ist der Gutshof auch heute wieder von Weinbergen umgeben.

Herrenhaus für römische Winzer

In der südlichen Ecke des Hofbezirks stieß man auf das zuerst errichtete Wohnhaus mit Keller und mehreren Räumen, von denen einer beheizt werden konnte. Etwas weiter hangaufwärts lag ein großer Wirtschaftsbau, der entweder als Speicher oder auch als Kelter diente (ein kleines römisches Rebmesser spräche dafür). Östlich davon und direkt an der Hofmauer stand eine Art Schuppen oder Remise. Das alte Wohnhaus im unteren Hangbereich war zu klein geworden, auch die wirtschaftliche

Lage erlaubte nun wohl die Errichtung einer komfortablen und repräsentativen Villa. Das 23 m lange und 18 m tiefe Herrenhaus besaß zwei quadratische Ecktürme (Risaliten), die durch einen zum Fluss hin offenen Säulengang (Portikus) miteinander verbunden waren. Die in den zweistöckigen Eckrisaliten eingerichteten Wohnräume waren heizbar. Hinter dem vorderen Trakt befand sich ein weiterer großer, wahrscheinlich überdachter Wohnraum. Im rückwärtigen Teil der Villa lagen die Küche und ein später angebautes Bad mit Ankleideraum, Kalt- und Warmbaderäumen. Eine an diese angefügte kleine Latrine wurde von dem sonst nicht mehr nutzbaren Brauchwasser des Bades durchspült.
Die *villa rustica,* die in den Fünfzigerjahren des 2. Jahrhunderts n. Chr. errichtet worden war und bis zu den Alamanneneinfällen des 3. Jahrhunderts Bestand hatte, hat sicher nicht nur der landschaftlichen Reize wegen an dieser Stelle gelegen. Die Nähe zum schiffbaren Neckar und zum römischen Handelszentrum Böckingen werden mit eine Rolle gespielt haben.

Leinfelden-Echterdingen, Echterdingen, ES

Anfahrt: Über die (alte) B 27 Stuttgart–Waldenbuch bis zum Ortsausgang Echterdingen. Links in die Waldenbucher Straße abbiegen, nach 800 m Wanderparkplatz an der Alten Poststraße. Ab hier beschilderter Fußweg.

Archäologischer Lehrpfad „Federlesmahd"

Von der Keltenschanze zu den Grabhügeln der Eisenzeit

Ein einzigartiges Ensemble vorgeschichtlicher Denkmäler hat sich im Gemeindewald „Federlesmahd" erhalten. Folgt man vom Wanderparkplatz aus der Beschilderung, so steht man nach etwa 1 km auf dem höchsten Punkt des Waldes und vor einer 1,2 ha großen keltischen Viereckschanze. Deutlich sind die 1,5 m hohen Wälle der fast quadratischen Anlage zu erkennen. Die – wie stets – überhöhten Ecken ragen bis gut 2 m über die Sohle des umlaufenden ehemaligen Spitzgrabens. Auch der 10 m breite Eingang auf der Ostseite der Schanze ist leicht auszumachen. Zum Inneren der Schanze geht es leicht hinauf. Ein weiteres Charakteristikum wird so sinnfällig: die gegenüber dem Außengelände erhöhte Innenfläche. Die Wallkrone, an zwei Stellen durch den Weg unterbrochen, ist ringsum begehbar. Obwohl bei archäologischen Grabungen zu Beginn des 20. Jahrhunderts keine Innenbauten festgestellt wurden, sind solche sicher vorhanden gewesen. Das haben zahlreiche neuere Untersuchungen an anderen Beispielen dieser Denkmälergattung gezeigt. Man weiß darüber hinaus, dass die fruchtbaren Fildern auch in keltischer Zeit recht dicht besiedelt waren.

ment. Die Lichtung mit dem Hügel, mit Göttern und Grabstelen vermittelt sehr anschaulich das Bild eines sakralen Bezirks, so wie es in der Absicht der Menschen gelegen haben mag, die in der späten Hallstattzeit ihre Toten hier bestattet haben.

Wie ein heiliger Hain wirkt das Ensemble von Grabhügeln und -stelen im Wald „Federlesmahd".

Wie ein heiliger Hain

Kurz nach der Viereckschanze führt der Weg nach links, nach Überquerung der sog. Stangenallee wieder nach links bis zu einem großen Grabhügel mit 15 m Durchmesser, der 1981 vom Landesdenkmalamt Baden-Württemberg ausgegraben und anschließend wieder zu seiner ursprünglichen Höhe von 2,5 m aufgeschüttet wurde. Auf der Hügelkuppe, direkt über der ehemaligen Zentralbestattung, steht die Nachbildung der bei den Grabungen entdeckten steinernen Stele in Form eines menschlichen Körpers. Dieser Platz ist vielleicht der beeindruckendste am ganzen Lehrpfad. Im umgebenden Wald liegen weitere 21 Hügelgräber und eine Reihe von Kopien keltischer Steindenkmäler gruppiert sich um das große Grabmonument.

Der Weg führt weiter nach Südosten, biegt dann nach Nordosten um in Richtung Parkplatz. Man kann aber noch einem kleinen Abstecher zu einer weiteren Hügelgruppe folgen. Vor der Wiese geht es nach links zu einer locker gestreuten Gruppe von sechs Tumuli, deren nördlichster, größter, immer noch durch seine Höhe von 3 m beeindruckt, obwohl er in Teilen durch unerlaubte Grabungen zerstört wurde. Von hier aus geht der Lehrpfad in östliche Richtung zurück zum Hauptweg.

An der Wiese gibt es auch einen Grill- und Spielplatz - der durch den Lehrpfad erschlossene Wald „Federlesmahd" verbindet Ausflugsfreuden mit der Möglichkeit, einen abwechslungsreichen Spaziergang zu den Zeugnissen der heimischen Vorgeschichte zu unternehmen.

Limes

Technisches Meisterwerk

Eine über 500 km lange Grenze trennte in römischer Zeit das freie Germanien von den unter der Herrschaft des *Imperium Romanum* stehenden germanischen Provinzen. Der heute noch in weiten Teilen sichtbare Grenzwall zeigt die letzte Ausbauphase. Mehrfach waren seit der Eroberung Germaniens kleinere Grenzabschnitte errichtet worden, die später verlegt oder aufgegeben wurden. Die vordere, am weitesten nach Osten vorgeschobene Linie, der obergermanisch-rätische Limes, entstand erst ab der Mitte des 2. nachchristlichen Jahrhunderts und verlief ohne Unterbrechungen von Rheinbrohl/Bad Hönningen am Rhein bis nach Eining an der Donau. Das Bauwerk durchzog die unterschiedlichsten Landschaften und es wäre vorauszusetzen gewesen, dass es sich den jeweiligen topografischen Bedingungen angepasst hätte. Fast das Gegenteil ist der Fall. Am Beispiel des 80 km langen Abschnittes zwischen Walldürn und Lorch erkennt man, dass der Grenzwall eine schnurgerade Linie bildet, ohne Rücksicht auf Höhenunterschiede, Täler, Schluchten und Berge. Dieser Herausforderung haben sich die römischen Planer und Geodäten in geradezu genialer Weise gestellt - die Vermessung, die Trassenführung und der Bau sind eine technische Höchstleistung.

Schnurgerader Limesverlauf zwischen Welzheim und Eckardtsweiler.

Unterschiedliche Konstruktion

Über sechzig Kastelle im Hinterland überwachten die Grenze. Von diesen Lagern aus bestand direkte und indirekte Verbindung zu der Besatzung von mehr als 900 Wachtürmen, die direkt am Limes standen. Diese sichtbare Abgrenzung gegen die *Germania Libera* war im Laufe der Zeit weiter verstärkt worden, wobei sich ihre Gestaltung in Obergermanien von der in Rätien deutlich unterschied. In Obergermanien war den steinernen Limestürmen ein mächtiger Wall mit Graben vorgelagert, vor dem wiederum eine dichte Palisade aus längs halbierten Baumstämmen verlief - anschaulich rekonstruiert z. B. bei Großerlach-Grab. In Rätien dagegen wurde die ehemals bestehende Holzpalisade durch eine massive, mindestens 3 m hohe Steinmauer ersetzt und die Steintürme direkt in diese integriert.

Der Beginn der so genannten rätischen Mauer liegt bei Schwäbisch Gmünd im Rotenbachtal.

Kulturaustausch am Limes

So gewaltig aber dieses Bauwerk auch ist - es war nie ein unüberwindliches Hindernis für die im freien Germanien lebenden Stämme und sollte es wohl auch nicht sein. Natürlich gab es, bevor die Alamannen im 3. Jahrhundert n. Chr. den Limes endgültig überrannten, manchmal Scharmützel an der Grenze, in erster Linie war der Limes aber eher eine Art Demarkationslinie zur Verdeutlichung und Bekräftigung der Besitzrechte. Diese Linie war an mehreren Stellen bewusst durch Tore oder Brücken unterbrochen. An diesen Stellen wurde Handel getrieben, fand der Austausch von Personen statt, gelangten aber vor allem auch Neuigkeiten und Informationen auf die jeweils andere Seite. Die römische Präsenz in den Provinzen hat erwiesenermaßen zu einem Kulturwandel innerhalb der germanischen Verbände geführt.

Sicher ein Weltkulturerbe

Der Limes ist das größte archäologische Denkmal in Mitteleuropa und rangiert an zweiter Stelle in der Welt nach der Chinesischen Mauer. Seit über einem Jahrhundert bestens erforscht, ist der Limes zunehmend in das Bewusstsein einer breiten Öffentlichkeit gerückt. Örtliche und überregionale Institutionen widmen sich dem Schutz und der Erhaltung dieses faszinierenden Bauwerks. So haben sich dem Verein „Deutsche Limesstraße" fast alle bedeutenden Standorte römischer Kastelle vom Rhein bis zur Donau angeschlossen. Die 700 km lange Deutsche Limesstraße mit 53 Stationen (Nr. 23–39 in Baden-Württemberg) wurde damit zur längsten touristischen Route Deutschlands. Zahlreiche Militärlager, Wachtürme, Kleinkastelle und Bäder an dieser Strecke sind konserviert oder rekonstruiert. Museen und Freilichtanlagen erläutern die Geschichte der römischen Okkupation, zeigen z. T. einmalige Funde und faszinieren mit Sonderausstellungen, Vorführungen, Aktionstagen und Programmen zur experimentellen Archäologie.

Deutlich ist der Limeswall bei Kaisersbach zu erkennen.

Aufgrund der hervorragenden Bedeutung dieses einmaligen Kulturdenkmals wurde jüngst die Aufnahme des Limes in die UNESCO-Liste des Weltkulturerbes beantragt.

Auskünfte und Informationsmaterial zur Deutschen Limesstraße:
Verein Deutsche Limesstraße,
Marktplatz 2, 73430 Aalen
Tel. 07361/522358, Fax: 521907
E-Mail: touristk-service@aalen.de;
http://www.limesstrasse.de

Neckarburken siehe Elztal

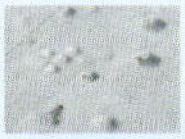

Neuhausen ob Eck, TUT

Anfahrt: Von Tuttlingen über die B 311 Richtung Meßkirch. Durch Neuhausen ob Eck hindurch. Nach etwa 2,5 km und nach dem Wald links bei der Notrufsäule in den Feldweg einbiegen, der parallel zur Straße verläuft. Direkt nördlich der Straße liegen die Grabdenkmale.

Vorgeschichtliche Grabhügelgruppe

Nekropole der Eisenzeit

Sicher sind es die großen Hügel gewesen, weithin sichtbar und deutlich als künstliche Erhebungen im flachen Gelände zu erkennen, die dem Gewann im Volksmund den Namen „Hexerwiesen" gegeben haben. Von den 21 Grabhügeln, einige von ihnen noch über 2 m hoch, wurden etliche bereits im vorletzten Jahrhundert angegraben. Außer in zwei Fällen waren die Toten unverbrannt bestattet worden. Über den anzunehmenden Grabkammern hatte man eine Steinpackung aufgehäuft und diese dann mit Lehm und Erde überschüttet. Die inzwischen verschollenen Funde sprechen ihre eigene Sprache: Bronzegefäße und -schmuck, eiserne Waffen und verzierte Keramik bezeugen den hohen sozialen Rang der hier Beerdigten. In naher und weiterer Umgebung sind zahlreiche weitere Hügelfelder zu finden, Hinweise auf eine dichte Besiedlung dieser Gegend während der Hallstattzeit.

Vor allem in verschneiten Wintern bilden die sanft gerundeten großen und kleinen Hügel der frei liegenden Gruppe einen reizvollen Kontrast zu ihrer flachen Umgebung.

Die Grabhügel bilden markante Landschaftspunkte im Schnee.

Niederstotzingen-Stetten ob Lontal, HDH

Anfahrt: Über A 7 Heidenheim–Ulm bis Ausfahrt Niederstotzingen/Bissingen. Durch Bissingen in Richtung Stetten ob Lontal. Vor dem Ort, beim Abzweig links nach Burgberg, ein Parkplatz. Unterhalb davon die Höhle.

Höhle Vogelherd

Raum für Höhlenbär und Mensch

Die Vogelherd-Höhle ist nicht besonders groß. Dennoch war sie über Jahrtausende hinweg Anziehungspunkt für die Jäger und Sammler der Altsteinzeit, die sie regelmäßig aufgesucht und mehrere Monate lang bewohnt haben. Die

Durch den Südeingang des Vogelherds betritt man heute am leichtesten den Innenraum.

ersten systematischen archäologischen Ausgrabungen zu Beginn der Dreißigerjahre lieferten die bis dahin differenzierteste Chronologie der Altsteinzeit mit mehreren gut unterscheidbaren Kulturschichten. Vom Neandertaler bis zum *Homo sapiens sapiens* fanden sich Steinartefakte und die Reste erlegten Wildes. Die Höhle besitzt drei Eingänge, von denen der südwestliche eine Besonderheit aufweist. Links an der Höhlenwand erkennt man, etwas über Augenhöhe, eine kleine spiegelglatte Stelle. Hier haben sich die Höhlenbären vorbeigedrückt und mit ihrem Fell den Fels blankpoliert (Bärenschliff).

Älteste Kleinplastiken der Menschheit

Was den Vogelherd so weltberühmt gemacht hat, war die Entdeckung kleiner Elfenbeinfiguren aus einer Aurignacien-Schicht, aus jener Zeit des ältesten Jungpaläolithikums also, da der *Homo sapiens sapiens* bei uns auftritt. Dargestellt sind diejenigen Tiere, die als Jagdbeute des Menschen sein Überleben sicherten, die ihm Nahrung, Kleidung, Wärme sowie Rohstoff für Werkzeug und Geräte lieferten. Das Leben der Menschen jener Zeit war aufs Engste mit dem der Tiere verknüpft. Dies mag der Grund für die Schöpfung dieser bezaubernden Kleinplastiken gewesen sein. Sie stellen Mammuts, Höhlenbär und Höhlenlöwe, Ren, Bison, Panther und Wildpferd dar. Die Figürchen, die zu den ältesten bekannten Kunstwerken der Menschheit gehören, sind in der Universitätsbibliothek Tübingen ausgestellt.

Wer möchte, kann den Besuch des Vogelherds mit der Besichtigung der nahe gelegenen Hohlenstein-Höhlen bei Asselfingen verbinden.
Der Weg führt vom Parkplatz beim Vogelherd über die Straße wenige Meter nördlich bis zum Wanderparkplatz auf der linken Seite. Von hier aus führt ein beschilderter Weg zu den Hohlenstein-Höhlen.

Die glänzende Stelle an der Höhlenwand zeigt, wo sich die Bären vorbeigedrückt haben.

Niederschopfheim siehe **Hohberg**
Niederschwörstadt siehe **Schwörstadt**

Osterburken, MOS

Anfahrt: Über die A81 Heilbronn–Würzburg, Ausfahrt Osterburken. Auf der Deutschen Limesstraße weiter bis zur Stadtmitte. Vor der Eisenbahnüberführung links abbiegen, nach 60 m liegt rechts das „Römermuseum". Nach weiteren 300 m links der Straße das Annexkastell.

Kohorten- und Annexkastell

Antike Bauten als Steinbruch ausgebeutet

Mächtige Mauerreste, ein konserviertes Bad und die Altäre eines Weihebezirks künden noch heute von der Bedeutung dieses Ortes in römischer Zeit.
Schon im 18. Jahrhundert wurden die antiken Bauwerke erwähnt, aber nicht geschützt - mehr als 150 Jahre lang sind sie als bequemer und preiswerter „Steinbruch" ausgebeutet worden. Zwar konnte ein 1861 entdecktes Mithrasrelief nach Karlsruhe gebracht werden, die Steinräuber jedoch blieben weiterhin aktiv.

Turmbewehrte Garnison

Eine erste systematische Aufnahme der archäologischen Befunde erfolgte Ende des 19. Jahrhunderts durch die Reichslimeskommission. Leider wurden das große Kohortenkastell und das dazugehörige Lagerdorf dennoch in den Zwanzigerjahren fast gänzlich überbaut. Heute sind lediglich Reste der südöstlichen Umwehrung des Lagers erhalten. Das mehr als 2 ha messende Kohortenkastell, 0,5 km vom Limes entfernt und zwischen 148 und 160 n. Chr. von der 22. Legion erbaut, besaß 16 Türme und war Standort der *Cohors III Aquitanorum,* der 3. Aquitanerkohorte, die zuvor im West-

Besonders schön im Herbst: die Reste von Turm und Kastellmauer.

kastell von Neckarburken stationiert war. Ein ausgedehntes Lagerdorf erstreckte sich im Tal der Kirnau westlich des Kastells. Es besitzt mit seinen großen Steinhäusern fast städtischen Charakter.

Ein Kastell wird zu klein

Zwischen 185 und 192 n. Chr. bekommt das Kohortenkastell einen neuen Anbau. Ein knapp 1,4 ha großes Kastell, ausreichend für einen *numerus,* eine Einheit von etwa 150 Mann, wird der Ostseite des Kastells angefügt. Dieses Annexlager wurde von Soldaten der 8. Legion errichtet, die damals ihren Standort in *Argentorate*/Straßburg hatte. Auffällig ist vor allem seine Lage. Es zieht sich über einen steil ansteigenden Hang, von dessen oberstem Punkt aus direkte Sichtverbindung zu den Limestürmen im Osten bestanden haben muss.

Deutlich erkennt man im Inneren die aus der Umwehrung vorkragenden Fundamente der Toranlagen, die von starken Türmen flankiert waren.

Untergang trotz Schutzmaßnahmen

Beide Kastelle sollten im 3. Jahrhundert n. Chr. vollkommen zerstört werden, obwohl noch verschiedene Maßnahmen zu ihrer Sicherung getroffen, Mauern und Türme verstärkt und die Tore zusätzlich verrammelt worden waren. Die Reste gänzlich verbrannter Fachwerkbauten sind im Inneren des Kohortenkastells nachgewiesen. Die unruhigen Zeiten in den Dreißigerjahren des 3. Jahrhunderts hatten aber bereits vorher ihre Schatten geworfen: Im damals schon verfüllten Graben vor der Ostmauer des Annexkastells waren 327 prägefrische Silbermünzen versteckt worden, die jüngstdatierten stammen aus der Zeit des Kaisers Severus Alexander (222–235). Der erneute Übergriff der Alamannen 259/260 brachte dann das gewaltsame Ende: Im Graben zwischen Annex- und Kohortenkastell lagen auf Schutt- und Brandresten die Skelette dreier Erwachsener, die eindeutig ermordet worden waren.

Entlang der östlichen Umwehrung.

Der Bereich des Annexkastells ist heute als archäologisches Reservat ausgewiesen. In einem kleinen Holzpavillon an der Südwestseite informieren Schautafeln die Besucher über die wechselvolle Geschichte dieses einzigartigen Doppel-Lagers.

Vom Bohrer erfasst wurde der Giebel eines Weihesteins.

Das Badegebäude und die Benefiziarier-Weihesteine im Römermuseum Osterburken

Römerstraße 8, 74706 Osterburken
Auskünfte:
Bürgermeisteramt, Marktplatz 3
Tel. 06291/40123, Fax 40130
oder: Historischer Verein, Tel. 06291/8258

Öffnungszeiten: 15. März bis 15. Nov.:
Mi, Sa, So und Fei. 14.30–16.30 Uhr
Führungen und Eintritt nach Voranmeldung jederzeit während des ganzen Jahres.

Fürs Bad ein Haus

Während von einem von der 22. Legion erbauten Kastellbad nichts mehr zu sehen ist, waren die Ruinen einer zweiten Badeanlage, die 1976 vom Landesdenkmalamt Baden-Württemberg untersucht werden konnten, so gut erhalten, dass der Ausgrabung die anschließende Konservierung folgte. Das Bad vom so genannten Reihentypus, von der 8. Legion errichtet, ist ein gestreckter Bau, an dessen Längsachse sich die einzelnen Baderäume mit ihren verschiedenen Funktionen reihen. Darüber steht heute ein großzügiger lichtdurchfluteter Museumsbau. Auf einer umlaufenden Galerie kann man den gesamten Komplex des Bades umrunden. Aber auch aus den Kastellen, aus dem römischen Friedhof und aus der Siedlung geborgene Objekte haben hier Aufnahme gefunden, darunter eine Nachbildung des großen Mithrasreliefs. Schon bald aber sollte sich zeigen, dass das Museum wegen einer spektakulären Neuentdeckung erweitert werden musste.

Das konservierte Badegebäude ist durch einen lichten Museumsbau geschützt.

Der Weihebezirk

Gelübde eingelöst

1982 erfasste der Tiefbohrer, eingesetzt für die Gründung von Fundamenten der Pfeiler einer Straßenbrücke, das Giebelfeld eines römischen Inschriftensteins. Die sofort eingeleitete archäologische Untersuchung erbrachte sechs weitere Steinmonumente mit Inschriften und bildlichen Darstellungen. Damit war klar, worauf man gestoßen war. Hier lag ein Weihebezirk von Benefiziariern *(beneficiarii)*. Diese Benefiziarier waren ausgewählte Unteroffiziere einer Legion, die von ihren Befehlshabern Belohnungen erhielten *(beneficia)*, indem sie, von niederen Diensten befreit, z. B. als Kommandanten mit untergeordneten Soldaten an wichtigen Punkten römischer Straßen zur Überwachung und Kontrolle eingesetzt wurden. Zu Beginn ihrer halbjährigen Dienstzeit, die sie meist verdoppelten, legten sie ein Gelübde ab. Ihre Aufgabe war oft nicht ungefährlich, und wenn sie heil und gesund ihre *stationes* verlassen konnten, sollten die Götter mit einem Weihestein geehrt werden. Die Benefiziarier müssen wohlhabend gewesen sein, denn ein gut ausgeführter und geschmückter Altarstein war kostspielig und das Einlösen des Gelübdes ohne den Verzicht auf einen beträchtlichen Anteil des Soldes nicht zu leisten.

Weg zum Tempel von Altären gesäumt

Die auf 200 m² erweiterte Baugrube brachte dann insgesamt sieben Reihen solcher Altäre zutage, die in einer zeitlichen Abfolge aufgestellt waren. Die älteste Weihung datiert in das Jahr

174 n. Chr., die jüngste in das Jahr 205. Weitere noch jüngere Steine hat man in der Kirche vermauert gefunden.
Die Altäre standen, eingelassen in steinerne Sockel, entlang eines hölzernen Bohlenwegs, der auf einen großen Holztempel mit steinerner *cella* zuführte, vor dem ein doppelt verschalter Brunnen lag. Im Tempel standen weitere Steine, u. a. wohl der Hauptaltar, von dem allerdings nur noch der mächtige Sockelstein übrig blieb. Welche Gottheit hier verehrt wurde, ist nicht bekannt.
Unter dem Weihebezirk entdeckten die Archäologen eine Kulturschicht mit zahlreichen Hölzern, die sich im Überflutungsbereich der Kirnau sehr gut erhalten hatten. Sie gehören zu einem Siedlungsbereich, der wenige Jahre nach dem Bau des Kohortenkastells entstanden sein dürfte. Dendrochronologische Untersuchungen datierten das Fälldatum der Bäume für den Bau eines der Häuser in das Jahr 160 n. Chr. Diese zivile Niederlassung war allerdings nicht lange bewohnt. Trotz ausgeklügelter Entwässerungssysteme musste sie wegen ständiger Überschwemmungen des Flusses aufgegeben werden. Erst danach entstand der Altarbezirk, der allerdings genauso unter dem Hochwasser zu leiden hatte.
In einem Anbau des Museums präsentieren sich heute ausgewählte Stücke in der Anordnung, die der ursprünglichen Aufstellung weitestgehend entspricht. Die Steine sind außerordentlich qualitätvoll gearbeitet, einige von ihnen zeigen noch Reste der ehemaligen Bemalung. Die Inschriften sind von floralen und ornamentalen Motiven eingefasst, die Giebelfelder zeigen Porträts, Spielszenen oder Darstellungen aus der Natur. Auf den Seitenflächen der Altäre sind Symbole aus dem militärischen oder kultisch-religiösen Bereich eingemeißelt.
Die Ausstattung des Römermuseums Osterburken mit den Funden aus diesem bedeutenden Stützpunkt am obergermanischen Limes ist attraktiv genug, dennoch erhöhen die wechselnden Sonderausstellungen zu verschiedenen Themen der römischen Historie die Anziehungskraft dieser lebendigen Institution.

So dürfte der Weg zum Heiligtum ausgesehen haben.

Pfahlbronn siehe **Alfdorf**

WANDERWEG

Rainau-Schwabsberg, -Buch, -Dalkingen, AA

Römisches Freilichtmuseum am rätischen Limes – Wanderweg

Anfahrt: Von Aalen aus über die Deutsche Limesstraße B 29 Richtung Ellwangen. Am nördlichen Ortsausgang von Oberalfingen links abbiegen auf die L 1074 Richtung Buch/Unterschwabsberg. In Buch etwa 200 m nach der Kapelle wieder nach links abbiegen. Am Forsthaus vorbei bis zum Waldrand. Hier, am Parkplatz mit Spiel- und Grillplatz, beginnt der Wanderweg.

Erlebnisweg zur römischen Welt

Der insgesamt 11,5 km lange Rundwanderweg, der durch die anmutig-liebliche Landschaft des Jagsttales führt, ist geradezu ein Erlebnisweg, denn er verbindet sichtbar gemachte Geschichtszeugnisse mit den Annehmlichkeiten eines attraktiven Erholungsgebietes mit Grillplätzen, Badestrand und Wassersportmöglichkeiten.
Die Anlage eines neuen Speicherbeckens der Jagst war Anlass für ausgedehnte Grabungen, deren Ergebnisse so außerordentlich waren, dass die Idee zur Einrichtung eines archäologischen Freilichtmuseums bald realisiert werden konnte. Es bietet die einzigartige Möglichkeit, alle Arten von Befestigungen am rätischen Limes in Rekonstruktionen und konservierten Ausgrabungsbefunden kennen zu lernen.
Die folgende Beschreibung richtet sich nach der Nummerierung des Übersichtsplans. Man kann sich jedoch ebenso gut eine Route nach eigenem Geschmack zusammenstellen, die z. B.

Blick aus der Luft auf die Freilichtanlage beim Stausee.

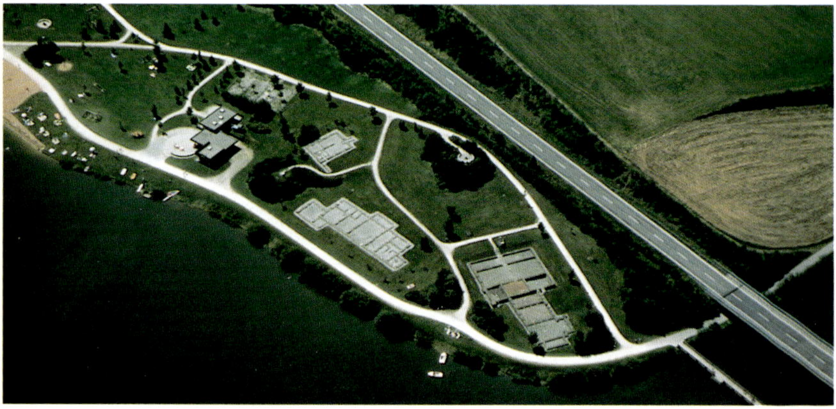

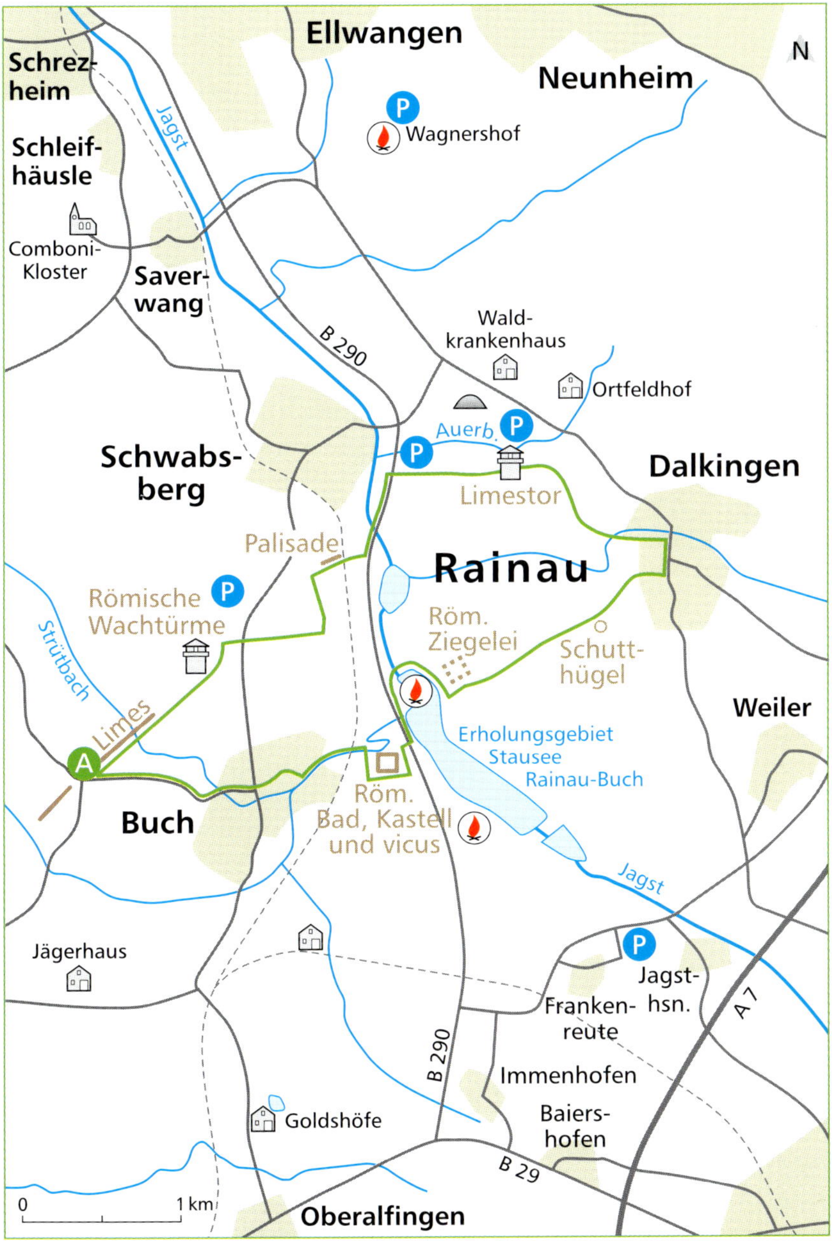
Ellwangen
Neunheim
N
Schrez-
heim
Schleif-
häusle
Wagnershof
Comboni-
Kloster
Saver-
wang
Jagst
B 290
Wald-
krankenhaus
Ortfeldhof
Auerb.
Schwabs-
berg
Dalkingen
Limestor
Palisade
Rainau
Römische
Wachtürme
Strütbach
Röm.
Ziegelei
Schutt-
hügel
Limes
A
Erholungsgebiet
Stausee
Rainau-Buch
Weiler
Buch
Röm.
Bad, Kastell
und vicus
Jagst
Jägerhaus
Jagst-
hsn.
Franken-
reute
A 7
B 290
Immenhofen
Goldshöfe
Baiers-
hofen
B 29
0
1 km
Oberalfingen

Der hölzerne Wachturm mit Palisade.

am Stausee beginnt und auch wieder dorthin zurück führt. Direkt am Ausgangspunkt des Wegs erkennt man bereits den Limes, der parallel zur Waldkante schnurgerade in nordöstlicher Richtung verläuft. Der Wall der verstürzten Mauer ist noch 3 m breit und 1 m hoch. Kurz vor dem Waldende trifft man auf

Station 1:
Hier legten archäologische Untersuchungen die Reste zweier steinerner Limestürme frei. Der erste, rechteckige Turm war abgerissen worden, als man die rätische Mauer mit einem neuen, quadratischen Turm errichtete. Die Fundamente des jüngeren Turms sind konserviert und ein Teilstück der Mauer wurde zu ihrer antiken Höhe von 3 m rekonstruiert.

An dieser Stelle wird ganz deutlich, welch außerordentliches Bauwerk dieser Abschnitt der römischen Reichsgrenze war: In gleicher Höhe und Mächtigkeit zog sie ja über 160 km vom Rotenbachtal bei Schwäbisch Gmünd bis hinunter zur Donau! Die Wirkung auf die Bewohner im freien Germanien mag man sich unschwer ausmalen ...
Unmittelbar hinter dem rekonstruierten Mauerstück ist der Wiederaufbau eines hölzernen Wachturms mit umlaufender Palisade zu sehen. Die Errichtung in Blockbauweise entspricht nicht den damaligen Gegebenheiten – sicher waren diese Art von Wachposten als Ständerbauten mit Bohlenwänden konstruiert.
An diesem und weiteren Beispielen kann aber anschaulich gezeigt werden, wie die römische Grenze in Rätien vor Beginn der Mauer wohl ausgesehen hat.

Station 2:
Der Wanderweg wendet sich zunächst nach Osten, biegt nach knapp 500 m wieder nach Norden um und führt am südlichen Ortsrand von Schwabsberg vorbei. Hier konnte bei Ausgrabungen in den Sechziger- und Siebzigerjahren ein Teilstück der hölzernen Limespalisade mit sehr gut erhaltenen Hölzern nachgewiesen werden. Die Palisade bestand aus senkrecht halbierten Eichenstämmen mit innen angebrachten Kerben zur Aufnahme der Querhölzer, durch die das Befestigungswerk stabilisiert wurde.
Dort, wo links der B 290 am Parkplatz der Weg wieder nach Osten führt, verläuft er unmittelbar parallel zum Limes bis zur **Station 3.**

Station 3:

Prunkbau für den Kaiserbesuch

Hier steht nun eines der ungewöhnlichsten Bauwerke an der gesamten obergermanisch-rätischen Grenze: Es wurde, wie mehrere Grabungskampagnen seit dem 19. Jahrhundert nachweisen konnten, in insgesamt fünf Bauphasen immer wieder umgestaltet. Zunächst stand an dieser Stelle ein schlichter Holzturm mit einfachem Flechtwerkzaun, der bald einer stabilen Palisade weichen musste, an deren innerer Seite ein Holzbau mit Räumen für die Wachmannschaft stand. Der Holzturm wird abgebrochen, ein Steinturm östlich davon aufgeführt. Schließlich weicht die Palisade der Mauer, die durch ein steinernes Torhaus mit zwei seitlichen Türmen unterbrochen war. Der jüngste Umbau erfolgte zu Beginn des 3. Jahrhunderts n. Chr. Die Südseite des Torgebäudes wurde bis unter die Oberfläche abgetragen und eine neue, sehr aufwändig gestaltete Fassade errichtet, durch deren Mitte ein breites Tor in den Innenhof führte. Das Tor war von großen Sandsteinquadern eingefasst, die sicher als Auflage für einen Bogen dienten, über dem, nach dem Vorbild römischer Ehrenbögen, nochmals eine Bogenfassade errichtet wurde, in der das Standbild des Kaisers Platz fand. Westlich und östlich des Tores wurden die Flächen mit Kalktuff verblendet – die kleineren, zurückversetzten Felder waren außerdem mit Netzmauerwerk geschmückt. Nicht nur die triumphbogenartig angelegte Architektur, auch die Funde weisen auf die außergewöhnliche Bedeutung dieses Bauwerks hin. Fragmente einer überlebensgroßen Bronzestatue mit verziertem Brustpanzer, Teilen des Bartes und der mit einem Adlerkopf geschmückte

Mächtige Pfeiler stützten einen triumphbogenartigen Torbau.

Knauf eines Schwertes gehören zu einem Kaiserstandbild. Warum hat man an dieser Stelle des Limes einen solchen Aufwand betrieben?
In der Nähe liegt das für diesen Grenzabschnitt wichtigste Kastell, das der *Ala II Flavia* in Aalen.
Man weiß, dass Kaiser Caracalla im Jahr 213 n. Chr. in Obergermanien und Rätien weilte und in diesem Zusammenhang wohl auch die Truppe in Aalen sowie diesen wichtigen Grenzdurchgang aufgesucht hat. Zur Erinnerung an den Besuch und seinen Sieg über die Germanen hat man diesen Prachtbau geschaffen und das große Standbild des *„Germanicus Maximus"* hier aufgestellt.
Ein Stück läuft der Weg noch parallel zum Limes, dann biegt er nach Süden um, führt durch Dalkingen (Erläuterungstafel am Parkplatz) und wendet sich dann nach Südwesten zum Stausee. Kurz vorher gelangt man links über einen kleinen Abstecher zur

Station 4:
Hier liegen die Schutthügel eines römischen Gebäudes, das bereits 1910 lokalisiert wurde. Seine Entfernung zum südwestlich gelegenen Kastell spricht für einen Handwerksbetrieb.

Station 5:
Westlich dieser Gebäude lag eine römische Ziegelei, von der heute allerdings nichts mehr zu sehen ist.
Zurück zur Wanderroute. Man umrundet den nördlichen Arm des Sees bis zur Hälfte, quert die Straße und geht bis zur Bahnlinie, vor der der Weg nach Süden abbiegt und dem Uferrand folgend zunächst auf das konservierte Kastellbad trifft.

Station 6:

Badevergnügen auch zur Römerzeit

100 m nordöstlich des Kastells liegt das zugehörige Badegebäude, ein langgestreckter Komplex vom sog. Reihentypus, der in drei Bauperioden errichtet, erweitert und wieder verkleinert wurde – der Zustand der zweiten Bauphase ist konserviert. Durch einen portikusartigen Gang betrat man die weite Vorhalle, die sicher als Aus- und Umkleideraum *(apodyterium)* genutzt wurde. Von da aus gelangte man zuerst in das Kaltbad *(frigidarium),* dem rechts und links ein beheizbares Badebecken *(piscina)* bzw. ein Schwitzraum *(sudatorium)* angegliedert sind. Es folgen zwei Laubaderäume *(tepidarii)* und ein Warmbad *(caldarium)* mit einem westlich angefügten Warmwasserbecken *(piscina).* Den nördlichen Abschluss bildet der Heizraum *(praefurnium).* Eine Fülle wertvoller Kleinfunde – Münzen, Glasgefäße, Gemmen, Fingerringe und Haarnadeln – zeugen von einem regen und sicher vergnüglichen Badebetrieb.

Station 7:
Das südlich gelegene Lagerdorf, in dem die Angehörigen der Soldaten, Handwerker, Händler und Gastwirte lebten und arbeiteten, war das erste am rätischen Limes, das vollständig untersucht werden konnte.
Hier sind zwei Steinbauten konserviert. Die architektonisch anspruchsvoll gegliederte Fassade des Gebäudes 1 spricht für eine besondere Funktion. Entweder war es das Wohnhaus des Lagerkommandanten, der ja auch offiziell-gesell-

Der neue Badesee neben dem alten Römerbad.

schaftlichen Verpflichtungen nachkommen musste, oder es handelt sich um eine Raststation mit Herberge für Reisende. In beiden Fällen muss das kleine Gebäude 2 südwestlich davon dazugehört haben. Welchem Zweck es vor seinem Umbau diente, ist nicht klar. Jedenfalls wurde es in einer zweiten Bauphase zu einem kleinen Badegebäude umgeformt. Es besitzt einen Heizraum *(praefurnium)*, einen Kaltbaderaum *(frigidarium)* und ein Warmbad *(caldarium)*.

Schätze im Brunnen versteckt

Die größten Überraschungen aus diesem Lagerdorf aber, das bis auf die zwei genannten Steinbauten aus langrechteckigen, z.T. unterkellerten Streifenhäusern bestand, sind nicht im Gelände zu sehen, sondern bilden einen der kostbarsten Fundkomplexe in den Sammlungen des Limesmuseums Aalen. Drei von insgesamt 13 aufgedeckten Brunnen im Kastellvicus gaben geradezu Aufsehen Erregendes frei. Wiederholt hatten die Alamannen versucht, den Limes zu stürmen. Wiederholt waren sie zurückgeschlagen worden. Dennoch kam es erneut zu Ausfällen der Germanen. Die unter römischer Herrschaft stehenden Grenzregionen waren alarmiert. Man versuchte, Wertvolles zu verstecken und versenkte seine persönliche Habe in den Brunnen, um sie in ruhigeren Zeiten wieder zu bergen. Das sollte nicht mehr möglich sein. In den Jahren 259/260 fiel der Limes. Mehr als 1700 Jahre später brachten Archäologen das kostbare Besitztum der Bewohner wieder ans Tageslicht: ein fast vollständiges eisernes Kettenhemd, einen Infanteriehelm aus Bronze, sogar eine vollständig erhaltene groteske Holzfigur. Eine kleine eiserne Feldflasche, mit glänzenden Bronzebeschlägen verziert, Schöpfer, Sieblöffel, Bronzegefäße, die z.T. aus Kampanien stammen und eine schön verzierte bronzene Schale mit Widderkopf am

Das Südtor des Kastells Buch, von mächtigen Mauern flankiert, wurde konserviert.

Griffende wurden geborgen. Und wer hat wohl die eiserne Schnellwaage retten wollen, wer eine kleine Marsstatuette, wer einen reizenden geflügelten Genius, der eine vergoldete Schale auf den erhobenen Händchen trägt? Die zu den größten römischen Schatzfunden in Südwestdeutschland zählenden Fundstücke stammen aus einer wohlhabenden römischen Siedlung, dem Lagerdorf Buch!

Direkt an der römischen Straßenverbindung Aalen-Oberdorf liegt südwestlich der Steingebäude des *vicus* das Kastell.

Station 8:

Von dem 2,1 ha großen Kohortenkastell im Gewann „Haldenäcker" sind lediglich das Südtor, die *porta principalis dextra*, sowie die anschließende Kastellmauer und die Fundamente eines Zwischenturmes konserviert. Der Verlauf der übrigen Umwehrung ist durch eine Hecke kenntlich gemacht. Das Kastell an dieser Stelle gewährleistete vor allem die Überwachung des Jagsttales als natürlichem Zugang zum römischen Hinterland am Limes. Frühere Grabungen erbrachten 1,2 m breite Kastellmauern, von zwei Spitzgräben umzogen und, wie üblich, durch vier Tore unterbrochen. Im Kastellinneren wurden die *principia* und ein *horreum* identifiziert. Durch geomagnetische Prospektion konnten weitere Befunde ermittelt werden, ohne dass eine Ausgrabung nötig war: Zwei weitere umlaufende Gräben ließen sich erkennen, im vorderen Bereich sind sechs in *contubernien* (Stubengemeinschaften) unterteilte Mannschaftsbaracken nachgewiesen. Im rückwärtigen Teil zeichnen sich vier große Baracken ab, die sich in Pferdeställe und Mannschaftsunterkünfte zu gliedern scheinen.

Das Magnetogramm hat darüber hinaus gezeigt, dass das Kastell abgebrannt ist – das Ergebnis der Alamanneneinfälle des 3. nachchristlichen Jahrhunderts.

Die Rundweg wendet sich von hier aus durch Buch hindurch zum Ausgangspunkt am Parkplatz westlich der Gemeinde.

Für das Freilichtmuseum am rätischen Limes kann man getrost einen ganzen Tag vorsehen. Es verbindet in idealer Weise den Reiz einer erschlossenen Naturregion mit den Zeugnissen einer Kulturlandschaft, die die Römer in diesem Teil Südwestdeutschlands entscheidend mitgeprägt haben.

Riegel, EM

Anfahrt: Über die A5 Freiburg–Karlsruhe, Ausfahrt Riegel. In die Üsenbergstraße einbiegen, hier Hinweisschilder „Mithras-Tempel".
Oder: mit der Bahn bis Bhf. Riegel-Ort und weiter mit der Buslinie 102 bis Haltestelle „Mithras-Tempel". Auch von Emmendingen mit dem Bus Nr. 105 bis Riegel, ebenfalls Haltestelle „Mithras-Tempel".

Römisches Mithräum

Auch für Nichteingeweihte ein Begriff

Schon zu Beginn der Dreißigerjahre stieß man auf unterirdische Mauerreste und auf einen Altarstein mit der Inschrift *DEO INVICTO,* d.h. „Dem unbesiegten Gott". Die einzige Gottheit, die unter dieser Bezeichnung auch für Nichteingeweihte sofort zu identifizieren war, ohne dass sein Name genannt werden musste, ist der orientalische Gott Mithras. Kaufleute aus der Levante brachten seinen Kult mit nach Rom und Ostia, syrische Legionssoldaten verbreiteten ihn auch in den römischen Provinzen.
Es ist ein Mysterienkult; nur in die Geheimnisse des Ritus eingeweihte Männer durften bei den Zeremonien anwesend sein, Frauen war die Teilnahme offenbar nicht erlaubt. Vor Beginn aller Zeiten hatte Mithras auf Geheiß des allerhöchsten Gottes die Tötung des

Die Mauern des einstmals unterirdisch gelegenen Mithräums.

Stieres vollzogen. Aus dem Fleisch und Blut des getöteten Tieres entstand neues Leben. Diese Erneuerung des Lebens feierten die Mysten durch ein Kultmahl, zu dem Brot und Wein als Sinnbild für Fleisch und Blut gereicht wurden. Die Kulträume wurden stets unterirdisch oder in entlegenen Felsengrotten angelegt.

Ein solches Kultbild könnte in der Nische des Heiligtums gestanden haben.

Um ein derartiges Mithräum handelt es sich auch in Riegel. Erste Untersuchungen hatten zwar den Tempel als solchen erkannt, aber nicht vollständig freigelegt. Im Verlauf der Ausgrabungen eines frührömischen Kastells konnte der Tempel dann zu Beginn der Siebzigerjahre vollständig dokumentiert werden. Es handelt sich um einen langrechteckigen Bau mit einer rechteckigen Apsis oder Nische an der westlichen Schmalseite. Auch dieses Kultgebäude war in den Untergrund eingetieft. Der oberirdisch sichtbare Teil des Bauwerks bestand wahrscheinlich aus Holz oder Holzfachwerk.

Kultmahl vor dem Götterbild

Durch eine große hölzerne Vorhalle betrat man den eigentlichen, aus unvermörtelten Bruchsteinen errichteten Kultraum über eine hinab führende Treppe. Rechts und links eines Mittelgangs lagen die erhöhten Podien, auf denen sich die Gläubigen in halb liegender Stellung niederließen, um an den Kultfeierlichkeiten teilzunehmen. Die Wände des Tempels waren innen mit einfach behauenen Handquadern verblendet. Am Ende des Mittelgangs wird in der rechteckigen Apsis das Bild oder Relief des Gottes Mithras gestanden haben, von dem allerdings keine Überreste mehr gefunden wurden. Außer dem erwähnten großen Inschriftenstein konnten aber noch zwei weitere kleine Altarsteine mit Resten von Bemalung geborgen werden, die vor dem Eingangsportal im Süden gestanden haben.
Im Kultraum, aber auch in der hölzernen Vorhalle entdeckte man eine Fülle liturgischer Kultgefäße, Lampen und Räucherkelche. Feinstes Kultgeschirr höchster Qualität war in der Vorhalle deponiert worden, außerdem ein singuläres Stück: ein Eisenschwert, dessen Schneide in der Mitte zu einem halbkreisförmigen schmalen Bogen umgeschmiedet worden war, eine Form, die ebenfalls im Zusammenhang mit dem religiösen Ritual gesehen werden muss. Möglicherweise sollte damit der symbolische Tod der Mithrasjünger während des Kultes versinnbildlicht werden.

Robern siehe Fahrenbach

Rottenburg am Neckar, TÜ

Anfahrt: Über die A81 Stuttgart–Singen, Ausfahrt Rottenburg.

Römische Stadt und Sumelocenna Museum

Keltischer Name für die Römersiedlung

„Unter dem Pflaster liegt Geschichte ..." Dieser Titel eines Informationsblatts des Landesdenkmalamtes trifft in besonderer Weise auf die Stadt Rottenburg zu, die, gegen Ende des 13. Jahrhunderts gegründet, an einem Platz erbaut wurde, an dem sich die Menschen bereits in der Jungsteinzeit niedergelassen hatten. Die günstige Lage am Rand fruchtbarer Lössflächen und am Eingang zum mittleren Neckarraum wurde auch von den Siedlern der nachfolgenden Jahrhunderte erkannt und genutzt. In der Regierungszeit Kaiser Domitians zwischen 85 und 90 n. Chr. gründet sich hier die römische Niederlassung *Sumelocenna.* Der Name ist keltisch und weist auf eine entsprechende Vorgängersiedlung, der vielleicht auch Helvetier angehörten.

Das römische Rottenburg lag an der Fernstraße von der Schweiz über *Arae Flaviae* (Rottweil) und *Grinario* (Köngen) nach *Castra Regina* (Regensburg). Die intensive Beschäftigung mit der römischen Vergangenheit Rottenburgs schon seit dem 16. Jahrhundert führte auch zur eindeutigen Lokalisierung der Stadt auf der Tabula Peutingeriana, wo sie als *SAMULOCENIS* aufgeführt ist. Auf zahlreichen Inschriften ist belegt, dass *Sumelocenna* im frühen 2. Jahrhundert n. Chr. Hauptort einer *saltus* war, einer kaiserlichen Domäne, und wenige Jahrzehnte später sogar zum *civitas*-Hauptort aufstieg, d.h. zum Verwaltungszentrum einer Gebietskörperschaft, die die gesamte Region des mittleren Neckars umfasste.

Ummauerte Stadt

Die steigende Bautätigkeit vor allem nach dem Krieg erforderte jährlich mehrere Ausgrabungen und Notbergungen, die immer wieder Einblicke in die Strukturen dieser bedeutenden Stadt lieferten. Eine im 2./3. Jahrhundert errichtete 1,5 km lange Stadtmauer mit vorgelagertem Spitzgraben umgab eine besiedelte Fläche von mehr als 30 ha. Die meisten Wohnhäuser waren ziegelgedeckte Steinbauten, daneben gab es kleinere Holzhäuser mit Stroh- oder Holzschindeldächern. Das Forum mit den öffentlichen Bauten lag vermutlich im Bereich des heutigen Marktplatzes und des Martinsdoms. Ein großer ummauerter Sakralbezirk mit zwei gallorömischen Umgangstempeln, zwei kleinen Aedikulen und einem Priesterhaus ist im Gewann „Burggraben" nachgewiesen. *Sumelocenna* besaß mindestens drei Bäder, eines davon ist die stattliche Therme, in deren unmittelbarer Nähe die große öffentliche Toilettenanlage entdeckt wurde. Außerhalb der umwehrten Stadt erstreckten sich die Handwerkerviertel und das beidseits der Straße nach Köngen angelegte Gräberfeld.

Sumelocenna – Römisches Stadtmuseum

Am Stadtgraben, 72108 Rottenburg a. N.
Tel. 07472/1653-71 und -51, Fax 165392
E-Mail: archiv@rottenburg.de,
http://www.rottenburg.de

Öffnungszeiten:
Di–Fr 10–12 Uhr und 14–16.30 Uhr
Sa, So und Fei. 10–16.30 Uhr
Führungen nach Vereinbarung

Der geplante Bau einer Tiefgarage in der Sprollstraße war Anlass für eine Rettungsmaßnahme des Landesdenkmalamtes, die in einer fünf Jahre dauernden Grabungskampagne derart Aufsehen erregende Befunde römischer Bauten freilegte, dass man sich entschloss, diese zu konservieren und in ein Museum zu integrieren. Das Sumelocenna Museum befindet sich im Untergeschoss des Parkhauses an der Sprollstraße beim Hotel „Martinstor". Südwestlich der Kreuzung zweier römischer Straßen lag, neben einzelnen Holzbauten, ein riesiger, 55 m langer Baukomplex, der dreimal umgebaut worden war. Zur älteren Bauphase gehörten die heizbaren Räume einer großen öffentlichen Thermenanlage, an deren Warmbaderaum *(caldarium)* eine große, ebenfalls hypokaustierte halbrunde Apsis angefügt war. Direkt östlich schloss sich ein weites Peristylhaus an, dessen Front mindestens 24 m lang war. In der Mitte des Hofes lag ein aus aufgestellten Sandsteinen kreuzförmig gestaltetes Wasserbecken. Ein großes unterkellertes Gebäude mit vier Räumen schließt im Westen die Lücke zwischen

Die Apsis des Peristylhauses. Im Hintergrund die Fußbodenheizung.

So muss man sich es vorstellen.

der Therme und einem 32 m langen Bau, der im südwestdeutschen Raum seinesgleichen sucht.

Stilles Örtchen – Treffpunkt der Gesellschaft

Es ist eine große öffentliche Toilettenanlage, eine Latrine, die über eine 11-stufige Treppe von der Straße aus zu erreichen war. Etwas versetzt zur Mittelachse des gut 5 m breiten Raums stand eine Reihe von mindestens sieben weißverputzten Säulen. Direkt unter der Latrine verlief der große öffentliche Abwasserkanal, die *cloaca maxima.* Sie war mit einem Abzweigekanal der Toilette verbunden, der sich an der Nordwand entlangzog. Über diesem Kanal stand die hölzerne Toilettensitzreihe, die mindestens 35 Personen gleichzeitig Platz bot. Vor dieser Sitzreihe wurde ständig Frischwasser durch eine schmale Rinne geleitet und in einem runden Becken an der Südwand der Latrine konnte man sich die Hände waschen. Wie heute noch, haben sich die

Blick in die säulenbestandene Latrine.

Besucher der Latrine mit Sprüchen und Kritzeleien auf den bemalten Wänden zu verewigen gesucht.
Solche großen Latrinen waren durchaus beliebte Treffpunkte der Bewohner einer römischen Stadt. Während der „Sitzungen" konnte man sich nämlich bestens unterhalten. Wer weiß, welche Informationen hier ausgetauscht wurden, welches Gerücht und welcher Klatsch in der Latrine seinen Anfang genommen hatte ...
Die Rottenburger Toilettenanlage im Museum zeigt in Ausstattung und Raumgestaltung den Zustand des späten 2. Jahrhunderts n. Chr.

Das Lapidarium mit den römischen Steindenkmälern.

Lapidarium

Direkt hinter dem Sumelocenna Museum wurde in der Grünanlage des mittelalterlichen Stadtgrabens ein römisches Lapidarium eingerichtet, das im Freien aufgestellte Kopien der wichtigsten Steindenkmäler aus Rottenburg und seiner Umgebung zeigt – eine hervorragende Ergänzung der Erläuterungen zur römischen Stadtgeschichte im Museum.

Das Bad im Eugen-Bolz-Gymnasium

Eugen-Bolz-Gymnasium, Mechthildstraße.
Der Schlüssel zum kleinen Museum ist erhältlich entweder im Sekretariat der Schule oder an der Kasse im Sumelocenna Museum.

Nichts für den Schwimmunterricht

Unter dem Neubau des Eugen-Bolz-Gymnasiums in der Mechthildstraße öffnet sich ein weiteres Fenster zur Archäologie. Hier liegen die Befunde des sog. Bades II, einer ehemals 200 m² großen Anlage, die bereits 1962 konserviert werden konnte. Die Mauern der einzelnen Baderäume sind z. T. noch über 2 m hoch erhalten. Wie üblich, betrat man das Bad durch einen Eingang im Umkleideraum *(apodyterium)* und begab sich von dort zunächst in das Laubad *(tepidarium)*. In diesem Raum ist ein Teil des originalen Hypokaustums unverändert erhalten. Vom *apodyterium* aus war aber auch das Kaltbad *(frigidarium)* durch einen Eingang zu erreichen, den man allerdings eher auf dem „Rückweg" benutzt haben wird. Im *frigidarium* ist auch ein Ausschnitt der ursprünglichen Freskenbemalung zu bestaunen: ein Schwarm von naturgetreu dargestellten Fischen mit roten Flossen und Kiemen auf blauem Hintergrund. Von dort aus erreichte man den größten Raum des Ba-

des, das Warmbad *(caldarium)* mit drei Apsiden, in denen die Warmwasserbecken standen bzw. eingetieft waren. Dieser Raum war mit einem Tonnengewölbe versehen und in geometrischen Mustern farbig ausgemalt.
Den heutigen Schülern mag das Bad zwar als konkretes Anschauungsobjekt zum Thema ‚Römisches Badewesen' willkommen sein – schwimmen lernen würden sie in einer solchen Anlage allerdings nicht. Die römischen Bäder dienten in erster Linie der Körperhygiene und einzelnen medizinischen Anwendungen. Hier wurden aber auch gesellschaftliche Kontakte gepflegt und der Schönheit mittels Kosmetika im Zweifelsfalle nachgeholfen.

Rottweil, RW

Anfahrt: Über die A 81 Stuttgart–Singen, von Norden Ausfahrt Rottweil, dann über die B 14 Richtung Rottweil Innenstadt; von Süden Ausfahrt Villingen-Schwenningen, auf die B 27 über Deißlingen Richtung Rottweil Innenstadt.

Dominikanermuseum Rottweil

Am Kriegsdamm 4, 78628 Rottweil
Tel. 0741/7862 oder 7662

Öffnungszeiten:
Di–So 10–13 Uhr und 14–17 Uhr

Römische Wurzeln – Kunst des Mittelalters

1992 konnte ein weiteres Zweigmuseum des Württembergischen Landesmuseums eröffnet werden, das sich schwerpunktmäßig mit zwei Themenbereichen befasst. Zum einen ist hier die außergewöhnliche Sammlung mittelalterlicher Skulpturen untergebracht, die vordem in der Lorenzkapelle zu sehen waren. Zum anderen gewährt ein zweiter, in zehn Raumelemente aufgeteilter Bereich einen umfassenden Überblick zur Entstehung und Entwicklung der römischen Stadt *Arae Flaviae,* die auf eine mehr als 200-jährige Forschungsgeschichte zurückblickt. Die Ergebnisse der bis heute andauernden Ausgrabungen in der Stadt sind in Schautafeln, lebendig gestalteten Vitrinen, Modellen, Rekonstruktionen und frei stehenden Exponaten aufs anschaulichste dargestellt.

Die römische Stadt *Arae Flaviae*

Stätte der Kaiserverehrung

Seit Jahrhunderten hat sich die Forschung in Rottweil mit den Überresten der römischen Stadt befasst. Wieviel an archäologischer Substanz noch vorhanden ist, wieviel aber auch vor endgültiger Zerstörung dokumentiert werden musste, zeigt die seit 1967 ununterbrochene Grabungstätigkeit des Landesdenkmalamtes Baden-Württemberg in dieser Stadt.

Die einzige Niederlassung rechts des Rheins in Obergermanien mit römischem Stadtrecht war *Arae Flaviae.* Diese römische Stadt erstreckte sich östlich der mittelalterlichen Stadt Rottweil, die auf eine staufische Gründung zurückgeht. Der Name *Arae Flaviae,* d.h. Flavische Altäre, ist auch auf der Tabula Peutingeriana verzeichnet. Möglicherweise deutet der Name auf eine Verehrungsstätte des flavischen Kaiserhauses, die von Domitian (81–96) angeregt worden war. Das römische Rottweil lag am Schnittpunkt zweier wichtiger Fernstraßen, der Nord-Süd-Verbindung von *Vindonissa*/Windisch (CH) über *Brigobannis*/Hüfingen und *Arae Flaviae*/Rottweil nach *Sumelocenna*/Rottenburg a.N. und der West-Ost verlaufenden Straße, die das Legionslager *Argentorate*/Straßburg über *Arae Flaviae*/Rottweil und Tuttlingen mit der wichtigen Donautalstraße verband.

Das erste Kastell in Rottweil, ein Holz-Erde-Lager auf der rechten Neckarseite, stammt aus den frühen Siebzigerjahren des 1. Jahrhunderts n.Chr. Unmittelbar südlich davon wurden in kurzen Zeitabständen drei weitere Lager erbaut. Westlich des Neckars, im Gewann „Nikolausfeld“, standen ebenfalls zwei Kastelle, von denen das so genannte Kastell II das einzige ist, das zu Beginn des 2. Jahrhunderts n.Chr. in Stein ausgebaut worden war. All diese Militäranlagen haben nur wenige Jahre bestanden. Die eigentliche Blütezeit der römischen Siedlung aber stand noch bevor.

Arae Flaviae wird „echte“ Römerstadt

Die bevorzugte verkehrsgeografische Lage war nicht zuletzt ausschlaggebend für die rasche politische und wirt-

Blick in die römische Abteilung des Dominikanermuseums.

Aus zahllosen Mosaiksteinchen zusammengesetzt: Orpheus musiziert, ein Vogel lauscht.

schaftliche Entwicklung des Ortes. Den kleinen zivilen Wohnbereichen mit Holz- oder Fachwerkbauten für Händler, Handwerker, Gastwirte und die Familien der Soldaten folgte bald eine städtisch geprägte zivile Siedlung mit Steinhäusern und zahlreichen öffentlichen Bauten. Auf einem in Rottweil gefundenen Schreibtäfelchen sind wenige, aber bedeutende Zeilen eines Gerichtsurteils vom 14. August des Jahres 186 erhalten: *„... actum municipio aris ...“*, zu deutsch „... abgehandelt im Municipium Arae ...“. Dadurch ist nachgewiesen, dass schon sehr früh, d. h. schon in flavischer Zeit, Rottweil das Stadtrecht mit eigener Verwaltung nach römischem Vorbild besaß: *Arae Flaviae* war *municipium.*

Von der großen Menge öffentlicher Gebäude, die in einem *municipium* vorausgesetzt werden müssen, sind eine stattliche Anzahl archäologisch nachgewiesen. Die meisten aber konnten nicht mehr vollständig erfasst werden, da sie durch mittelalterlichen Steinraub und moderne, tief gehende Bodeneingriffe fast völlig zerstört sind. Neben prächtigen, mit Wandmalereien und Bildmosaiken ausgeschmückten Wohnhäusern gab es mehrere Bäder, wahrscheinlich ein Forum, eine Herberge und Straßenstation sowie einen Tempelbezirk.

Bedeutungsverlust

Das *municipium Arae Flaviae,* geplant als Hauptstadt einer *civitas,* muss jedoch ziemlich bald an Bedeutung verloren haben. Entweder geschah dies im Zusammenhang mit der Ermordung Kaiser Domitians und der anschließenden Auslöschung seines Namens aus der Erinnerung *(damnatio memoriae)*, oder *Arae Flaviae* lag nach der Vorverlegung des obergermanisch-rätischen Limes einfach zu weit im Hinterland. Heute kann man nur noch an zwei Stellen sichtbare Reste römischer Bauten besichtigen. In beiden Fällen sind es die Ruinen großer Badeanlagen.

Pelagiusgasse, Hypokaustum unter der Pelagiuskirche

Schlüssel erhältlich im Pfarramt St. Pelagius, Pelagiusstraße 2, neben der Kirche.

Öffnungszeiten:
Mo–Fr 8.30–12 Uhr, Do auch 16–18 Uhr; in den Sommermonaten ist das Hypokaustum in der Regel täglich geöffnet

Von dem großen, in vespasianischer Zeit entstandenen Badegebäude, das Ende des 19. Jahrhunderts bei der Renovierung der ursprünglich romanischen Kirche an der Nordostecke des Chores entdeckt wurde, ist nur noch der Untergrund eines beheizbaren Raums zu sehen. Es besaß aber, alten Plänen zufolge, mindestens 14 Räumlichkeiten unterschiedlicher Funktion. Die aus Sandstein gehauenen Pfeiler des Hypokaustums unter dem ehemaligen Warmbad(?) sind außergewöhnlich hoch und tragen noch die originalen Sandsteinplatten des darüber liegenden Fußbodens.
Vor dem Kirchenportal steht die Kopie eins großen Wasserbeckens *(labrum)*, das im Lau- oder Warmbad gestanden haben wird. Das Original des *labrums* ist im Dominikanermuseum zu sehen.

Die eindrucksvolle Hypokaustanlage unter der Pelagiuskirche.

Das Bad im Nikolausfeld

Eines der größten Bäder im Südwesten

Die konservierten Reste des römischen Bades liegen an der Hölderstraße links des Neckars und östlich des Friedhofs. Das Nord-Süd orientierte Bad im Nikolausfeld zählt zu den größten in Südwestdeutschland. A. Mettler untersuchte bereits gegen Ende des 19. Jahrhunderts einzelne Bereiche der Anlage, vermochte sie allerdings nicht zu deuten. Mehr als siebzig Jahre später führte der Plan einer Erweiterung des Städtischen Friedhofs zu erneuten Ausgrabungen. Das Staatliche Amt für Denkmalpflege in Tübingen konnte den gesamten Baukomplex freilegen, und die Stadt Rottweil entschloss sich zur anschließenden Konservierung der Fundamente. Denn mehr war von dem gewaltigen

Das große römische Bad im Nikolausfeld.

Gebäude nicht übrig geblieben – zu attraktiv war es den mittelalterlichen Baumeistern als willkommener Lieferant begehrten Baumaterials erschienen – die Mauern waren ehemals immerhin über 10 m hoch. Das Bad wurde zu Anfang des zweiten nachchristlichen Jahrhunderts erbaut und bestand bis etwa zur Mitte des 3. Jahrhunderts n. Chr. Zwei große Umkleideräume (vielleicht für Männer und Frauen getrennt) flankieren den Kaltbaderaum mit einem Kaltwasserbecken. Daran schließen sich die beheizten Baderäume mit doppelten Apsiden an. Den südlichen Abschluss bilden zwei kleine und ein großer Heizraum. An das östliche *apodyterium* (Umkleideraum) ist ein kreisrundes Schwitzbad angefügt; ein quadratischer, 5 m vom Gebäudekomplex errichteter Raum im Westen wird als Aufenthaltsort für das Badepersonal gedeutet (nicht sichtbar).

Reste eines schwarz-weißen Mosaiks zeigen, dass dieses Bad kostbar und aufwändig ausgestattet war. Das konservierte Denkmal liegt inmitten einer Grünanlage; eine Übersichtstafel im Süden erläutert die Befunde. Die im Park neben der Anlage aufgestellten Säulen stammen allerdings nicht aus dem Bad, sondern aus einem römischen Wohngebiet, das ausschnittsweise im Areal des Katholischen Kindergartens an der Albertistraße erfasst worden war.

Schwabsberg siehe Rainau

Schwörstadt-Niederschwörstadt, LÖ

Anfahrt: Von Bad Säckingen über die B 34 Richtung Rheinfelden/Baden. In Schwörstadt zwischen Unterdorf und Oberdorf in die Römerstraße einbiegen. Zwischen den Häusern Römerstraße 22 und 24 liegt das Megalithgrab.

Megalithgrab Heidenstein

Seelenwanderung berücksichtigt

Von einer aus riesigen Monolithen aufgebauten Grabkammer aus dem 2. Jahrtausend v. Chr. blieb nur noch die Frontplatte erhalten. Die Seitenwände, der rückwärtige Abschluss und die Deckenplatte bestanden aus exakt bearbeiteten mächtigen Sandsteinplatten; der Boden der Kammer war mit sorgsam angepassten dünnen Sandsteinplatten ausgelegt. Als Frontstein wurde eine über 2 m hohe, 60 Zentner schwere Muschelkalkplatte aufgerichtet. Leicht gegenüber der (heutigen) Mittelachse versetzt befindet sich darin das sog. Seelenloch, eine Öffnung für die Seelen der Verstorbenen. Man nimmt an, dass die Glaubenswelt der ausgehenden Jungsteinzeit und beginnenden Bronzezeit eine „Wanderung“ der Seele voraussetzte, bei der diese den Körper des Verstorbenen jederzeit verlassen, aber auch wieder aufsuchen konnte. Vielleicht diente das Loch aber auch der Niederlegung von Opfergaben. In der Kammer lagen 19 nach Osten orientierte Körperbestattungen aus der Jungsteinzeit und Bronzezeit. Ein einzelnes Brandgrab stammt aus der Zeit vom Übergang des 1. in das 2. Jahrtausend v. Chr. Der Heidenstein zählt zu den mächtigsten Grabmonumenten des späten Neolithikums in unserem Raum. Vielleicht gehört der als „Hunnenstein“ bezeichnete Menhir bei Schwörstadt-Dossenbach (Gewann „Krosilienwald“) in die gleiche Epoche.

Stein siehe **Hechingen**
Stetten ob Lontal siehe **Niederstotzingen**
Stettfeld siehe **Ubstadt**

Die Frontplatte des Großsteingrabs „Heidenstein“.

Stuttgart, S

Anfahrt: Ab Stuttgart-Mitte über die B 14, Leonberger Straße, zum Schattenring. Hier Richtung Büsnau bis zum Parkplatz am Schattengrund. Von hier aus zu Fuß, über die Brücke zwischen Bärensee und Neuem See zum „Bärenschlössle“ (Gasthaus), auf schnurgeradem Weg Richtung Nordosten etwa 800 m bis zum römischen Gebäude. **Oder** mit den Buslinien 91 und 92 bis Haltestelle „Forsthaus I“. Dem Waldlehrpfad Richtung „Pfaffensee“ folgen, vor dem Spielplatz rechts ab. Nach gut 1 km liegt rechts das römische Gebäude.

Römisches Gebäude im Rotwildpark

Ein Bauwerk gibt Rätsel auf

Weitab von jeder römischen Siedlung liegt im Rotwildpark ein Gebäude, dessen Funktion bislang nicht eindeutig geklärt ist. Der quadratische Steinbau ist in den Zwanzigerjahren das erste und 1976 ein zweites Mal durch das Landesdenkmalamt untersucht worden. Drei Eingänge mit massiven Schwellsteinen unterbrechen das Mauerwerk an der Ost-, an der Nord- und an der Westecke. Ein viertes, breiteres Tor liegt genau in der Mitte der Südostwand.

Parallel zum südwestlichen und nordöstlichen Mauerverlauf wurden Fundamentrollierungen festgestellt, die darauf hindeuten, dass eine überdachte Portikus entlang der Innenseite bestanden hatte. In einer holzverschalten quadratischen Grube im Innenhof lagen Scherben und eine nahezu vollständig erhaltene sog. Knickwandschüssel aus dem späten 2. Jahrhundert n. Chr. Ansonsten gab es keinerlei Funde und auch keine weiteren Befunde aus dem Gebäude. Die Form wie auch der Brunnen (?) im Innenhof erinnern an die spätkeltischen Viereckschanzen. Vielleicht hat die keltische Bevölkerung in römischer Zeit diese Anlage errichtet.

Vorbild keltische Viereckschanze? Das römische Gebäude.

Tübingen-Kilchberg, TÜ

Anfahrt: Von Tübingen über die K 6900 Richtung Rottenburg bis Kilchberg. Im Ort die erste Straße nach links, dann die zweite wieder nach links bis zum Weg „Am Keltengrab".

Vorgeschichtlicher Grabhügel

Bildwerke für die Toten

Es geschieht nicht oft, dass in einem einzigen Grabhügel gleich drei Stelen gefunden werden.
Über einem Brandgrab der älteren Hallstattzeit (8./7. Jahrhundert v. Chr.) im Hügelzentrum lag eine Körperbestattung des 6. Jahrhunderts v. Chr., die von einer Steinpackung überdeckt war. Aus dieser Steinabdeckung stammen die Überreste zweier Stelen aus Stubensandstein, die beide ein stark stilisiertes menschliches Antlitz zeigen. Sie müssen von einem älteren Grab stammen und wurden bei der jüngeren Bestattung mit auf das Grab gelegt. Nach seiner Aufschüttung hatte man den Hügel mit einem Kranz aus mächtigen Sandsteinblöcken umgeben (Durchmesser 13,5 m). In diesem Steinkreis lag die dritte Stele, die offensichtlich von der Kuppe herabgefallen war - ein behauener Block in nahezu menschlicher Gestalt, dessen Kopf ebenfalls ein sehr abstrahiertes Gesicht zeigt.
Das Kilchberger Grabmonument ist rekonstruiert - eine Nachbildung der großen Stele steht auf seiner Spitze, die kleineren Fragmente wurden zusammen mit einer Erläuterungstafel in der Nähe aufgestellt.

So war es üblich: Eine Stele bekrönte den Hügel über dem Grab eines Vornehmen.

Tübingen-Weilheim, TÜ

Anfahrt: In Tübingen auf die K6900 Richtung Rottenburg. In Weilheim abzweigen auf die „Alte Landstraße". Nach etwa 250m geht rechts der „Herrenweg" ab, der zum Menhir führt.

Menhir

Fünf Tonnen Stein im Kanalisationsgraben

Ein wahrhaft sensationeller Fund kam in einem Kanalisationsgraben bei Weilheim ans Tageslicht: zwei insgesamt fünf Tonnen schwere Bruchstücke einer noch über 4m hohen reliefverzierten Stele. Das nördlich der Alpen bis heute singuläre Stück zeigt auf seiner Vorderseite im Flachrelief fünf untereinander angeordnete sog. Stabdolche, deren kurze Klingen wie bei einer Axt rechtwinklig an einen langen Stab geschäftet sind. Rechts neben der Dolchreihe ist eine ovale Verzierung zu erkennen. Auf der Rückseite des Steins sind näpfchenartige Eintiefungen und flache Rillen angebracht. Die Form der Stabdolche ist charakteristisch für das beginnende 2. Jahrtausend v. Chr., d. h. für die frühe Bronzezeit. Diese „Waffen" allerdings wurden sicher nie als solche verwendet, vielmehr dienten sie vermutlich als Rangabzeichen und Symbole der Macht.

Die Weilheimer Stele ist jedoch mehr als ein bronzezeitliches Kunstwerk. Im Vergleich mit ähnlichen sog. Statuenmenhiren aus Südtirol und mit den Felsbildern im Valcamonica (Oberitalien) ist sie ein deutlicher Hinweis auf die frühen Beziehungen zwischen dem Neckarraum und den Regionen südlich der Alpen.

Obwohl der Bagger eine Wunde schlug, sind die Stabdolche gut zu erkennen.

Ubstadt-Weiher, Stettfeld, KA

Anfahrt: Von Karlsruhe über die B 3 Richtung Heidelberg über Bruchsal nach Stettfeld. Im Ort Hinweisschilder zum „Römermuseum".

Straßensiedlung, Römermuseum und Römerkeller

Vom Straßenposten zur Siedlung

Wer sich auf der angegebenen Route dem heutigen Ort nähert, folgt weitgehend der Trasse der ehemaligen römischen Fernstraße, der rechtsrheinischen Verbindung zwischen Heidelberg und Basel. Eine West-Ost verlaufende Straße von Speyer nach Cannstatt kreuzte diese Fernverbindung in Stettfeld. An dieser Kreuzung wird der Weihestein für die *Quadruviae,* die Vier-Wege-Göttinnen, gestanden haben, der schon 1866 entdeckt wurde. Eine unweit dieses Platzes errichtete Straßenstation war wohl Ausgangspunkt einer ausgedehnten Siedlung, die ihren Anfang um 120 n. Chr. nahm und sich bis zum 2./3. Jahrhundert n. Chr. stetig weiterentwickelte. Den ersten planmäßigen Ausgrabungen 1866 zur Freilegung eines Badegebäudes im Süden des *vicus* war Jahrzehnte vorher der Fund eines qualitätvollen römischen Reliefs vorausgegangen. Das Bildwerk zeigte die drei Götter Apoll, Minerva und Merkur. Weitere Grabungen bis 1884 konzentrierten sich unter anderem auf die Befunde rund um den „Schwedenbrunnen".

Die Grabungen durch das Landesdenkmalamt erfassten und dokumentierten einen Großteil dieses *vicus,* der sich vor allem längs der Straßen hinzog. Es gab aber auch eine Art Vorort auf einer flachen Anhöhe und zwei Gutshöfe im Norden und Süden der Niederlassung. Steinkeller und -brunnen, ein Badegebäude, Töpfereien, eine Ziegelei und ein ausgedehnter Friedhof weisen das römische Stettfeld als eine blühende Siedlung aus. Das zeigen ebenso die qualitätvollen Funde, wie Reste zahlreicher Götterstatuen, Reliefs, kostbare Glasgefäße, Silber und feinstes Luxusgeschirr.

Das Römermuseum Stettfeld

Lußhardtstr. 14, 76798 Ubstadt-Weiher
(Stettfeld)
Tel. 07253/7779 oder 70298

Auskünfte auch über: Bürgermeisteramt, 76798 Ubstadt-Weiher
Tel. 07251/61714, Fax 61760
E-Mail: gemeinde@ubstadt-weiher.de,
http://www.ubstadt-weiher.de

Öffnungszeiten:
1. Februar bis 30. November:
Mi 14–16 Uhr; So 10–12 und 14–17 Uhr

Römische Geschichte, Alltag der Archäologen

Das älteste Haus des Ortes, der sog. Bahnschlitten, beherbergt heute das

Römermuseum, das bereits vor dem Betreten auf Römisches aufmerksam macht: Die Mauer des Hofes ist mit römischen Steinen verblendet, die aus einem römischen Keller stammen, der wegen eines Neubaus aufgegeben werden musste. Die Pferdegöttin *Epona,* ein Meilenstein und Reliefs mit Darstellungen römischer Wagen betonen die Bedeutung des Ortes als Verkehrsknotenpunkt.

Während das Untergeschoss den vorgeschichtlichen Epochen mit Funden von der Gemarkung gewidmet ist, präsentieren Erd- und Obergeschoss die Überreste aus dem römischen Straßendorf und seine Beziehungen zum Umland.

Ein eigener Bereich stellt die Arbeit der Archäologen vor - von der Bergung und Dokumentation der Funde und Befunde bis zur Restaurierung.

Luxusgeschirr an römischer Tafel.

Römerkeller

Vom Keller eines modernen Wohnhauses umbaut, befindet sich in der Römerstraße 3 ein römischer Steinkeller von 3,4 m×3,2 m Innenmaß. Die Wände zeigen noch zwei halbrunde Nischen und die Schräge vom Lichtschacht eines Kellerfensters. Der Keller kann im Rahmen von Museumsführungen besichtigt werden.

Blick in die Räume des Museums.

Uhldingen-Mühlhofen, Unteruhldingen, FN

Anfahrt: Über die B 31 Überlingen–Friedrichshafen bis Uhldingen-Mühlhofen. Hier auf die Landstraße nach Unteruhldingen abbiegen bis zum Parkplatz am Ortseingang. Der ausgeschilderte Weg führt von hier aus zum See und zum Pfahlbaumuseum.
Oder mit der Bahn Radolfzell–Friedrichshafen bis zum Bahnhof Uhldingen-Mühlhofen. Von hier aus etwa 20 Min. Fußweg zum Museum.
Oder mit dem Schiff Überlingen–Meersburg bis Unteruhlingen.

Pfahlbaumuseum

Strandpromenade 6,
88690 Unteruhldingen
Tel. 07556/8543, Fax 5886
E-Mail: info@pfahlbauten.de;
http://www.pfahlbauten.de

Öffnungszeiten:
April bis September: täglich 8–18 Uhr
Oktober: täglich 9–17 Uhr
März und November: Sa, So und Fei.
9–17 Uhr und nach Vereinbarung

Eröffnung mit zwei Steinzeithäusern

Wenige Freilichtmuseen in Europa dürften so bekannt sein wie das Pfahlbaumuseum von Unteruhldingen am Bodensee, in dem insgesamt vier Beispiele vorgeschichtlicher Dorfanlagen nachgebaut wurden. Schon früh sind hier erste Rekonstruktionen entstanden. Die Ergebnisse der Ausgrabungen steinzeitlicher Häuser in Riedschachen am Federsee wurden zunächst in der Modellbauwerkstatt des damaligen Urgeschichtlichen Forschungsinstituts der Universität Tübingen umgesetzt. Im August 1922 eröffnete das Freilichtmuseum mit zweien dieser Pfahlbauten, deren Pfähle vom Dachfirst bis in den Seegrund reichten. Sie standen auf einer Plattform und konnten vom Ufer aus über einen langen Steg erreicht werden.

Pfahlbauromantik

Knapp zehn Jahre später erweiterte man die Anlage um fünf weitere Bauten, deren Vorbild die bronzezeitliche sog. Wasserburg Buchau im Federsee bildete. Die Rekonstruktionen entsprechen allerdings nicht den dortigen Ausgrabungsbefunden. Drei großen Häusern in Blockbauweise und zwei kleineren Hütten mit lehmverputzten Wänden aus Flechtwerk waren bestimmte Funktionen zugeordnet worden: Das „Haus des Dorfoberhaupts“ ist flankiert vom „Haus des Töpfers“ und vom „Haus des Bronzegießers“. Dahinter liegen ein „Vorratshaus“ und das „Haus des Hirten“. Auch dieses Ensemble steht auf einer Plattform im Wasser und ist mit den beiden jungsteinzeitlichen Häusern durch einen Steg verbunden. 1976 brannten Häuser und Plattform ab, wurden aber originalgetreu wieder aufgebaut. Ende der Dreißiger- und zu Beginn der Vierzigerjahre errichtete der „Reichsbund für Deutsche Vorgeschich-

Lebendige Forschungsgeschichte: eine steinzeitliche Seeufersiedlung, wie man sie sich in den Dreißigerjahren vorstellte.

te" einen dritten Baukomplex am Ufer des Sees, dem die Grabungsbefunde aus Sipplingen und aus dem Federseeried zugrunde lagen. Eine doppelte Palisade mit zwei, von je einem Turm bewehrten Eingangstoren umschließt das „Haus des Fischers", des „Töpfers", des „Steinhauers", des „Holzschnitzers", ein „Weberhaus" und die „Dorfhalle". Während der Unterbau aus Pfählen dem Haustyp aus Sipplingen entspricht, zeigt der obere Bereich ab Fußbodenniveau das Aussehen der Häuser aus Riedschachen und Aichbühl am Federsee. Wie bei den bronzezeitlichen Nachbauten wurden auch hier Häuser für spezielle Berufe postuliert. Eine solche, nach Berufen gegliederte Dorfgemeinschaft hat es allerdings zumindest in der Steinzeit noch nicht gegeben.

Ergebnisse moderner Forschung umgesetzt

Die erste Rekonstruktion eines jungsteinzeitlichen Hauses nach den Befunden der modernen Pfahlbauforschung wurde dann 1996 mit dem Bau des sog. Hornstaad-Hauses verwirklicht. In nur 20 Tagen entstand der einräumige Bau, dessen Aussehen den in Hornstaad am Bodensee ermittelten Grabungsdaten entspricht. Das Hornstaad-Haus ist das „Aktionshaus" im Freilichtmuseum. Hier finden museumspädagogische Projekte für Schüler statt, hier wird „Steinzeit gelebt": 1997 wohnte in diesem Haus zwei Monate lang ein Mitarbeiter des Museums unter Bedingungen, wie sie in der jüngeren Phase des Neolithikums (um 3900 v. Chr.) geherrscht ha-

Nach diesem Modell entstand das „Hornstaad-Haus".

ben. Seine Kleidung war nach Funden vom Bodensee angefertigt worden: Er trug ein Leinenhemd, einen Basthut wie in Hornstaad gefunden und Schuhe aus Lindenbast, die denen aus Allensbach gleichen. Wie gut, dass 1991 der „Mann vom Hauslabjoch" entdeckt worden war! Seine Ausrüstung war Vorbild für die Ausstattung des „Uhldi" vom Bodensee: Er trug Leggins und Rucksack wie „Ötzi", er benützte Bogen und Köcher wie dieser. Sein Essen bereitete er über der Feuerstelle in nachgetöpferten Gefäßen aus der sog. Hornstaader Gruppe zu, seine Nahrung bestand aus Fladen und Getreidebreien, aus Beeren, Nüssen, Honig und Fisch vom See.

Ein weiteres jungsteinzeitliches Haus, das sog. Arbon-Haus nach dem Vorbild einer Pfahlkonstruktion der Zeit um 3400 v. Chr. aus Arbon am schweizerischen Seeufer, erweitert seit 1998 den Bestand der Pfahlbaurekonstruktionen. Das mit Tannenschindeln gedeckte, schwach geneigte Dach ruht auf einem zweischiffigen Pfostenbau, dessen Pfähle vom First bis in den Untergrund reichen. Übrigens wurden bei den beiden letztgenannten Häusern ausschließlich steinzeitliche Werkzeuge benutzt, vom Fällen der Bäume für die

Die bronzezeitliche Dorfanlage im Pfahlbaumuseum.

Die jüngst erbauten Häuser.

Pfosten bis zum Schneiden des Schilfs für das Dach des Hornstaad-Hauses. In den kommenden Jahren sollen im Museum weitere Nachbauten vor allem nach den aktuellen Befunden aus der spätbronzezeitlichen Siedlung von Unteruhldingen entstehen. Dieses Dorf war nachweislich von einer Palisade umgeben.

Taucher im Museum

Während das Freigelände für Aktionen und Projekte der Experimentellen Archäologie genutzt wird, kann man sich im 1996 eröffneten neuen Museum über die Forschungsgeschichte informieren, die bemerkenswerten Modelle bestaunen und die zahlreichen Aspekte des Lebens in den Pfahlbauten kennen lernen. Besonders attraktiv ist das 23 m² große Bodenseeaquarium. Hier tauchen zwei halbautomatische Taucherpuppen zwischen den originalen Resten des Unteruhldinger Pfahlfeldes und demonstrieren die archäologischen Arbeitsmethoden unter Wasser. Als Museum im Museum kann der Altbau angesehen werden, dessen Konzeption noch aus den Zwanziger- und Dreißigerjahren stammt und als Anschauungsbeispiel beibehalten wurde.
Einen Rundgang beginnt man am besten beim Museum und folgt dem Weg dann zu den neuesten Pfahlbauten, dem Hornstaad- und dem Arbon-Haus, vorbei am Versuchsgarten zum palisadenumwehrten Steinzeitdorf. Von hier aus führt der Weg in südliche Richtung zum bronzezeitlichen Dorf und wieder zurück zum Ausgangsort.
Die beiden Steinzeithäuser von 1922 können derzeit nicht besucht werden, da sie aus Sicherheitsgründen renoviert werden müssen.

Villingen-Schwenningen, Villingen, VS

Anfahrt: Über die A 81 Stuttgart–Singen, Ausfahrt Tuningen. Auf die B 523 bis zur Kreuzung mit der B 27, hier nach links bis zur nächsten Kreuzung mit der B 33. Die erste Abzweigung nach Marbach nehmen, durch den Ort in Richtung Rietheim. In Rietheim den Weg nach Nordwesten zu den Aussiedlerhöfen nehmen, daran vorbei bis zum Wasserbehälter. Hier auf den Weg nach rechts bis zum Grabhügel. Vom Bhf. Villingen sind es knapp 45 Min. zu Fuß.

Keltischer Grabhügel „Magdalenenberg"

Der „Superhügel"

Der Magdalenenberg ist ein Grabhügel der Superlative. Der größte erhaltene Grabhügel der Hallstattzeit in Mitteleuropa wurde mit 46 000 m³ Erde aufgeschüttet, er hat einen Durchmesser von 104 m, eine ursprüngliche Höhe von 10–12 m, der Steintumulus in der Hügelmitte besaß einen Durchmesser von 30 m und war 3,5 m hoch, die hölzerne Zentralkammer war aus 90 großen Eichen gezimmert, in der Hügelschüttung lagen noch 126 Gräber mit 136 Bestattungen ... Zahlen, die zeigen, dass der Magdalenenberg zu den eindrucksvollsten Bodendenkmalen aus vorgeschichtlicher Zeit gehört.
Die ersten „Untersuchungen" des Hügels setzten bereits im 6. Jahrhundert v. Chr. ein! Die dendrochronologische

Der größte Grabhügel der Hallstattzeit in Mitteleuropa.

Bestimmung der Eichenhölzer, aus denen die zentrale Kammer gezimmert war, ergab ein Fälldatum vom Spätjahr 616 v. Chr. Nur wenige Jahrzehnte später drangen die antiken Grabräuber ein und schleppten sämtliche Beigaben fort, mit denen der Fürst, denn um einen solchen muss es sich handeln, bestattet worden war. Ihr Werkzeug, mehrere Holzspaten, hatten die Grabräuber in der geplünderten Hauptkammer zurückgelassen. Ende des 19. Jahrhunderts wurde der Zentralbereich des Hügels erforscht. Dabei stieß man auf die 5 m×8 m große Holzkammer, die von einer mächtigen Steinpackung umgeben war. Aber erst in den Siebzigerjahren des 20. Jahrhunderts untersuchte das Institut für Ur- und Frühgeschichte der Universität Freiburg das gesamte Denkmal. Die überraschend gut erhaltene Kammer wurde geborgen, restauriert und in das Franziskanermuseum der Stadt Villingen verbracht, wo sie heute noch zu bestaunen ist. Die Grabungskampagnen der folgenden Jahre deckten auch die zahlreichen Nachbestattungen auf, die in einem Zeitraum von mindestens 25 Jahren nach der Grablege des Fürsten in die Hügelschüttung eingebracht worden waren. Eine Fülle kostbarer Beigaben wie z. B. Schmuck aus Gagat, Bronze, Gold und Bernstein, Toilette-Gegenstände, Waffen, die Reste eines Wagens, Leder, Textilien und verzierte Keramik künden von dem vornehmen Status der hier Bestatteten. Nach den Ausgrabungen ist der Hügel wieder aufgeschüttet worden - heute ein eindrucksvolles Denkmal einer Grabsitte, die den Toten auch für die Zukunft ein sichtbares Andenken bewahren wollte.

Franziskanermuseum

Rietgasse 2,
78050 Villingen-Schwenningen
Tel. 07721/822351 und 832352,
Fax 822357

Öffnungszeiten:
Di–Fr 10–12 Uhr, Di, Do–Sa 14–17 Uhr
Mi 14–20 Uhr, So und Fei. 10–17 Uhr

Das Museum im ehemaligen Franziskanerkloster und Waisenhaus von Villingen wurde 1999 vollkommen umgestaltet und gleichzeitig erweitert. Die neue Dauerausstellung in der vor- und frühgeschichtlichen Abteilung präsentiert sowohl die Forschungsgeschichte dieses berühmten Grabhügels, als auch die verschiedenen Bereiche der Kulturgeschichte eines „großen europäischen Volkes“, der Kelten. Das Herzstück der Ausstellung aber ist zweifellos die Grabkammer aus dem Magdalenenberg, von der lediglich Teile der Wände rekonstruiert werden mussten.

Die nahezu vollständig erhaltene Holzgrabkammer musste im Museum kaum ergänzt werden.

Walheim, LB

Anfahrt: Über die A 81 Stuttgart–Heilbronn, Ausfahrt Pleidelsheim. Im Ort Richtung Bietigheim und hier auf die B 27 über Besigheim nach Walheim. Im Ort der Beschilderung „Römerhaus Walheim" folgen.

Römerhaus

Römerstr. 16, 74399 Walheim
Tel. 07143/801097 und 80410,
Fax 804133
E-Mail: info@kostanz.alm-bw.de,
http://www.kostanz.alm-bw.de

Öffnungszeiten:
1. April bis 31. Oktober: Sa 14–18 Uhr,
So und Fei. 10–18 Uhr
Führungen: nach Vereinbarung unter
Tel. 07143/804111

Garnisonen am Neckarufer

Die unter einem Schutzbau konservierten Reste eines großen Handelshauses aus römischer Zeit dokumentieren einen wichtigen Bestandteil einer Zivilsiedlung, die sich im 2. Jahrhundert n. Chr. aus einem Lagerdorf entwickelt hatte. Ein frühes, schon in domitianischer Zeit (85/90 n. Chr.) errichtetes Holz-Erde-Lager zählt zu den ältesten Befestigungen am mittleren Neckar. Ein weiteres Kastell, das im beginnenden 2. Jahrhundert n. Chr. in Stein ausgebaut wurde, lag südlich des ersten unmittelbar am linken Neckarufer. Dieses Kohortenkastell gehörte zum sog. Neckarlimes, der von etwa 90–155 n. Chr. die östliche Grenze Obergermaniens bildete. Den einstigen Holzbauten des Kastellvicus, der sich über das ältere Kastell II erstreckte, folgte im 2./3. Jahrhundert n. Chr. eine planmäßige Bebauung des Geländes mit sog. Streifenbauten, in denen gewohnt und gearbeitet wurde. Diese Streifenhäuser sind mit ihrer Schmalseite rechtwinklig zur Straße angelegt und ihre Aufteilung in einen überdachten, teilweise unterkellerten Vorplatz und den eigentlichen Wohnbereich recht einheitlich. Umso auffälliger sind die aus diesem Schema ausbrechenden Bauten mit völlig anders gestaltetem Grundriss.

Wahrzeichens des Ortes.
Römerhaus und Jupitergigantensäule.

Der Raum mit den Auflagesteinen der großen Standwaage und der Mittelgang.

Markt- und Handelsplatz

Zu diesen gehört das Gebäude 19, das zentrale Handelshaus. Obwohl eine Ansiedlung in einem Gebiet weitab vom Neckar weitaus günstigere Bedingungen geboten hätte, da sie jenseits des hochwassergefährdeten Bereichs gelegen hätte, hat man den Standort des ehemaligen neckarnahen Lagerdorfes beibehalten. Im Mündungsgebiet des Baumbachs kann nämlich ein Hafen vorausgesetzt werden, von dem aus die verschiedensten Güter verhandelt werden konnten.

Die planmäßig angelegte Siedlung war, wie eine Inschrift belegt, kaiserlicher Grundbesitz und hatte wohl die Funktion eines zentralen Markt- und Handelsplatzes am Neckar.

In diesen Zusammenhang ist das große Handelshaus zu bringen, das an der wichtigen Straße vom Kastell I zum älteren Kastell II im Norden liegt. Es ist ein 48 m langer ehemals zweigeschossiger Bau, der sich in zwei Bereiche teilt. Die der Straße zugewandte Hälfte wurde von einer großen Halle eingenommen, deren Eingang von zwei großen Pfeilern unterbrochen ist. Weiter zurückversetzt, genau auf der Mittelachse stand ein weiterer großer Pfeiler, der zeigt, dass die Halle hier zum Eingang hin verschlossen werden konnte. Durch

Der Keller mit qualitätvollem Mauerwerk.

ein 3 m breites Portal gelangte man in die westliche, an die Halle anschließende Gebäudehälfte. Mehrere Räume unterschiedlicher Funktion reihen sich rechts und links entlang eines breiten Mittelgangs, der mit 1 m^2 großen Sandsteinplatten ausgelegt ist.

Wie in südlichen Markthallen

Den Gang durchzieht eine aus sorgfältig behauenen langen Steinen gesetzte Rinne. Auf der rechten Seite erkennt man einen kleinen Vorraum als Zugang zu einem außergewöhnlich qualitätvoll ausgeführten Keller mit mehreren Abstellnischen und einem Luftschacht, der in den Mittelgang mündet. Auf dem Sandboden des Kellers lag ein Steintisch mit runder Sandsteinplatte. Vor dem angrenzenden Raum stand im Gang ein 7 m tiefer Brunnen mit einer Brunnenstube aus Eichenhölzern. Hier wurde wohl das Wasser geschöpft, mit dem die Rinne durchspült werden konnte. Noch heute kennt man eine solche Vorrichtung zur Reinigung des Durchgangs aus den Markthallen in südlichen Ländern. Der letzte Raum auf dieser Seite, durch einen 2,4 m breiten Eingang zu erreichen, diente zur Aufnahme sperriger Waren. In der Südwestecke fanden sich noch die steinernen Fundamente einer großen Standwaage. Die beiden Türschwellen an der westlichen Seite des Gebäudes, über die man den Mittelgang betrat, sind stark abgenutzt, Zeichen für lebhaften Publikumsverkehr. Rechts dieses Eingangs ist außen eine kleine Latrine angebaut. Der südliche Bereich links vom Gang ist ebenfalls stark gegliedert. Einem langgestreckten Raum mit einer zum Gang hin offenen, von Säulen getragenen Front folgt eine kleine Garküche und Backstube. Hier lag auch die Heizvorrichtung für den anschließenden großen Raum, der an die Trennmauer zwischen Halle und rückwärtigem Bereich grenzt. Die überlegte Aufteilung und die Größe dieses ungewöhnlichen Bauwerks machen deutlich, welch wichtige Funktion Walheim als Wirtschaftsstandort in römischer Zeit gehabt haben muss. Im Handelshaus wurden Güter angeliefert, verkauft, gelagert oder für den Weitertransport vorbereitet.

Der architektonisch ansprechende Schutzbau über den römischen Ruinen beherbergt gleichzeitig ein kleines Museum. Es gibt einen Überblick zur römischen Geschichte von Walheim, auf Schautafeln wird der Komplex des Handelshauses eingehend erläutert und in den historischen Zusammenhang gestellt. Eine repräsentative Auswahl der im Ort geborgenen Funde, wie Sandsteinreliefs, Bronzegegenstände, Glas und Keramik vervollständigt die Einrichtung.

Walldürn, MOS

Anfahrt: Über die B 27 Mosbach–Walldürn, oder die B 47 Amorbach–Walldürn, dann auf die Landstraße Richtung Waldstetten. Nach knapp 600 m biegt rechts ein Feldweg zum Parkplatz beim Bad ab (Hinweisschild).

Römisches Kastellbad

Nur das geübte Auge wird die flachen Schuttwälle des ehemaligen Numeruskastells erkennen, die sich südlich des konservierten Bades im Gelände abzeichnen. Zwischen beiden Anlagen erstreckte sich das Lagerdorf, aus dem u. a. wertvolle Bronzefunde stammen, die die Bewohner im 3. Jahrhundert n. Chr. hier vor den eindringenden Alamannen versteckt hatten.

Fortuna, Göttin für die Badenden

Das zum Numeruskastell gehörende Badegebäude wurde in den Siebzigerjahren vom Landesdenkmalamt untersucht, wobei sich zwei Bauphasen nachweisen ließen. Die konservierten Reste zeigen den jüngeren Zustand. Eine dritte Umbaumaßnahme im 3. Jahrhundert n. Chr. verkleinerte das Bad. Der Komplex gehört zum sog. Reihentypus, d. h. alle Baderäume waren hintereinander zu benutzen. Durch eine große, in Fachwerktechnik errichtete Halle, die als Umkleideraum diente, betrat man zunächst das Kaltbad *(frigidarium)* mit einem westlich angebauten Kaltwasserbecken *(piscina)*. Östlich des *frigidariums* befindet sich der Schwitzraum *(sudatorium)*. Vom Kaltbaderaum gelangte man zunächst in das Laubad *(tepidarium)* und anschließend in das Warmbad *(caldarium)* mit zwei Warmwasserbassins. Nördlich liegen die Heizräume für den Warmbadeteil.

Das restaurierte Bad des Numeruskastells.

In der großen Umkleidehalle fanden die Ausgräber einen Weihestein für die Göttin Fortuna, der das Bad geweiht war. Dieses bedeutende Fundstück nennt nicht nur das Datum seiner Aufstellung im Jahr 232 n. Chr. sondern auch die Besatzung des Kastells, einen *numerus Brittonum,* also eine Einheit, die aus britischen Soldaten bestand. Die Inschrift berichtet aber auch von einer vollkommenen Renovierung des Badegebäudes. Eine Nachbildung des Altars steht heute am ursprünglichen Standort. Bad, Lagerdorf und Kastell bestanden wohl bis zum 3. Jahrhundert n. Chr., bis die Alamannen die Gebäude in Schutt und Asche legten.

Nördlich von Walldürn verläuft der obergermanische Limes. Über 2,2 km wurde hier ein Lehrpfad mit einigen Erläuterungstafeln angelegt, an dem die konservierten Reste eines Wachturms und das Stück einer Palisadenrekonstruktion zu sehen sind.

Weilheim siehe Tübingen

Welzheim, WN

Anfahrt: Von Schwäbisch Gmünd über die B 298, nach links auf die Straße nach Alfdorf einbiegen. In Breitenfürst rechts ab nach Welzheim. Der ausgeschilderte Weg führt zum Ostrand des Ortes und zum Kastell. Vom Bahnhof knapp 10 Min. zu Fuß.

Römisches Ostkastell mit Archäologischem Park

Archäologischer Park Ostkastell,
Pfarrstr. 8, 73642 Welzheim
Tel. 07182/800815 und 2660,
Fax 07182/2223
E-Mail: stadt@welzheim.de,
http://www.welzheim.de

Archäologie im Park

Welzheim war in römischer Zeit ein bedeutender Truppenstandort am südlichen Ende eines fast 80 km langen ganz geradlinig verlaufenden Stücks des äußeren obergermanischen Limes. Hier lagen zwei Kastelle, von denen das größere, im Westen gelegene Alenkastell fast völlig überbaut ist. Dem kleineren, östlich gelegenen Numeruskastell, das durch eine Straße mit dem großen Lager verbunden war, drohte das gleiche Schicksal. Zum Glück aber führten ausgedehnte Verhandlungen zum Schutz des Denkmals. Das Kastellgelände ist heute als archäologisches Reservat ausgewiesen und damit dauerhaft gegen Bodeneingriffe gesichert.

Die Einrichtung eines archäologischen Parks erlaubte die Rekonstruktion wichtiger Befunde, die über die entsprechende Kennzeichnung im Gelände hinausgeht. Das Ergebnis ist eine attraktive und anschauliche Dokumentation über das Aussehen solcher Militärlager am Limes.

Zwei große Türme flankieren die Durchfahrt des Westtores.

Warum das sog. Ostkastell an diesem Platz erbaut wurde, lässt sich nur vom topografisch-strategischen Gesichtspunkt her erklären. Das Gelände selbst, ein nach Osten abfallender Hang, bot nämlich an und für sich nicht die besten Bedingungen für ein solch mächtiges Bauwerk. Bei einem Gefälle von bis zu 10 % im Kastell war geradezu damit zu rechnen, dass Mauern abrutschen würden. Dies muss auch mehrfach geschehen sein, denn an der Außenseite der Umwehrung fand man große Pfostenlöcher, die darauf deuten, dass hier stabile Baugerüste zur Reparatur eingestürzter Mauerbereiche standen. Überhaupt weist das Ostkastell einige Besonderheiten auf. Es ist nicht genau rechtwinklig angelegt. Wahrscheinlich war es so geplant, konnte aber wegen des Untergrunds, eines stark tonhaltigen Mergelbodens, nicht verwirklicht werden. Sicher ist, dass Teile des Lagers immer wieder umgebaut oder repariert worden sind. Auch die Türme sitzen nicht alle da, wo man sie erwarten dürfte. Je ein Turm wurde in den Kastellecken nachgewiesen, das Westtor war von zwei Türmen flankiert, denen rechts und links im Abstand von etwa 20 m je ein Zwischenturm an der Westmauer folgte. Dagegen gab es nur einen einzigen Zwischenturm an der Nordseite westlich des Tores, das Osttor besaß lediglich einen Turm. Alle übrigen Seiten des Lagers hatten überhaupt keine Türme. Die archäologischen Untersuchungen haben darüber hinaus ergeben, dass alle Türme erst nachträglich, etwa um 170 n. Chr. erbaut worden sind. Alle Tore waren durch Straßen miteinander verbunden, rings um die Kastell-

Römische Repliken im Archäologischen Park.

mauern verlief innen die *via sagularis,* die Lagerringstraße. Die 1,4 m breiten Kastellmauern waren außen von einem doppelten Spitzgrabensystem umzogen, im Inneren ist ein hölzerner Wehrgang nachgewiesen. Zwei von vier Brunnen im Kastell haben außergewöhnliche Funde erbracht: In Brunnen 1 lagen neben zahlreichen botanischen Resten von Gemüse, Nüssen und Obst 100 Lederschuhe unterschiedlichster Form. Warum sie in den Brunnen geworfen wurden, ist nicht klar. In Brunnen 2 fanden sich hölzerne Annäherungshindernisse, ein Joch, eine Holzschaufel und Überreste eines eisernen Gesichtshelms, wie er bei Reiterspielen getragen wurde.

Mächtiges Doppeltor

Das Westtor des Kastells mit einem Teil der nördlich anschließenden Mauer und einem der davor liegenden Gräben wurde in seiner ursprünglichen Größe rekonstruiert. Das aufgehende Mauerwerk wurde mit aus dem Graben stammenden Steinen vervollständigt, die steinerne Rekonstruktion besteht also komplett aus römischem Baumaterial. Die übrige Umwehrung ist durch Hecken auf neu aufgeschütteten Wällen markiert. Den hölzernen Wehrturm erreicht man jetzt über eine Treppe – so bequem hatten es die römischen Soldaten nicht. So fällt heute der Blick vom Wehrgang auf die harmlosen Nachfahren der Germanen, die in friedlichen Scharen und bester Absicht in das Gebiet ehemaliger römischer Besatzung einwandern. In beiden zugänglichen Türmen (Schlüssel im Bürgermeisteramt) erläutern Didaktiktafeln einerseits die Rekonstruktion des großen Tores, andererseits die des Brunnens 2. Diese Rekonstruktion steht, etwas versetzt vom ursprünglichen Ort, unweit der Südwestecke des Kastells. In der Innenfläche wurden die Straßen und zwei steinerne Gebäude, ein Bad und ein Speicherbau, im Grundriss gekennzeichnet. Auf zahlreichen Schautafeln wird die Geschichte der römischen Okkupation im Südwesten geschildert, wird über das Leben der Soldaten und Zivilisten, über Verwaltung und religiöse Vorstellungen berichtet. Kopien wichtiger römischer Steindenkmäler, u.a. das große Mithrasrelief aus Osterburken, erhöhen den Reiz dieses gelungenen archäologischen Parks. Eine kleine Sammlung im Städtischen Museum zeigt Funde aus dem Kastell und dem *vicus.*

Die Rekonstruktion des hölzernen Brunnens an der Südwestecke des Kastells.

Städtisches Museum Welzheim

Informationen:Bürgermeisteramt Welzheim, Verkehrsamt,
Kirchplatz 3, 73642 Welzheim
Tel. 07182/880815, Fax 2223

Öffnungszeiten:
So 14–17 Uhr,
Führungen nach Vereinbarung

Kleinkastell Rötelsee

Anfahrt: Welzheim über die Deutsche Limesstraße in Richtung Norden verlassen. Kurz nach Ortsende liegt das Kleinkastell auf einer leichten Anhöhe rechts der Straße.

Kontrolle am Limesdurchgang?

Die kleine Feldwache wurde nach der Ausgrabung konserviert. Es ist der nach der Zählung der Reichslimeskommission als Nr. 128 an der Strecke 9 geführte Wachposten. Berücksichtigt man seine Nähe zu den beiden Welzheimer Kastellen, so ist die Lage besonders auffallend. Vielleicht gab es hier einen Durchgang durch den Limes, an dem mit den Germanen Handel getrieben werden konnte. Die topografisch günstige Lage mit guter Sicht in die *Ger-*

mania libera war wohl mit ein Grund für die Errichtung des Baus an dieser Stelle. Zum ersten Mal konnte hier 1974 der vollständig erhaltene Grundriss eines Kleinkastells festgestellt werden. Die 18,5 m langen Mauern des kleinsten Kastells an diesem Abschnitt des obergermanischen Limes umschließen eine Innenfläche von 0,03 ha. Die Feldwache besitzt an der Ostseite ein zum Limes gerichtetes Tor. Wie im Ostkastell Welzheim verläuft an der Innenseite der steinernen Umwehrung ein auf Pfosten ruhender hölzerner Wehrgang. Die Mannschaftsunterkünfte bestehen aus einem auf Holzschwellen errichteten hufeisenförmigen Gebäude mit je drei Räumen, die zum befestigten Innenhof hin mit einem überdachten Gang versehen sind. Das Kleinkastell Rötelsee wurde erst im späten 2. Jahrhundert n. Chr. erbaut und hat vermutlich bis zur endgültigen Eroberung des von den Römern beherrschten Gebietes durch die Alamannen in den Jahren 259/260 n. Chr. bestanden.
Die Feldwache wurde rekonstruiert, die Mauern wieder aufgebaut und der Grundriss der Innenbebauung mit Holzbohlen und Steinplatten markiert.

Wutöschingen-Degernau, WT

Anfahrt: Über die B 314 von Waldshut-Tiengen nach Wutöschingen-Degernau. In Degernau auf die Straße nach Erzingen. Nach etwa knapp 1,5 km liegt rechts der Straße beim Parkplatz das Megalithgrab. Der Menhir steht 500 m östlich davon.

Megalithgrab und Menhir

Riesensteine für die Toten

Obwohl der Platz, an dem 1954 große Steinplatten eines jungsteinzeitlichen Großsteingrabes entdeckt wurden, die dort vergraben worden waren, nicht der ursprüngliche Ort des Bestattungsplatzes ist, hat man das Monument unweit der Fundstelle wieder aufgebaut. Die Wände aus Steinplatten, die Deck- und die Frontplatte mit dem „Seelenloch“ sind in ihrer ursprünglichen An-

Der 1,80 m hohe Kalkstein-Menhir. ▶

Wieder errichtetes Großsteingrab vom Ende der Jungsteinzeit.

ordnung zusammengesetzt und vermitteln genau das Bild vom Aussehen solcher Großsteingräber, in denen stets mehrere Personen beigesetzt wurden. Bisher ist nicht klar, ob der 500 m entfernte Menhir, der ebenfalls 1954 gefunden wurde, in Beziehung zu dem Megalithgrab zu bringen ist. Die noch 1,8 m hohe unverzierte Stele aus Kalkstein ist 1 m dick und 0,80 cm breit. Sie wurde 1971 am Fundort wieder aufgerichtet.

Anhang

Die römischen Kaiser von den Flaviern bis zum Fall des Limes

Flavisches Kaiserhaus (69–96)

69–79	Vespasian
79–81	Titus
81–96	Domitian

Adoptivkaiser (96–192)

96–98	Nerva
98–117	Traian
117–138	Hadrian
138-161	Antoninus Pius
161–180	Marc Aurel
180–192	Commodus
193	Fünfkaiserjahr

Soldatenkaiser (193–348)

Severisches Kaiserhaus (193–235)

193–211	Septimius Severus
211–217	Caracalla
217–218	M. Opellius Macrinus
218–222	Elagabal
222–235	Severus Alexander

235–238	Maximinus Thrax
238	Gordian I.
238–244	Gordian III.
244–249	Philippus Arabs
249–251	Decius
251–253	Trebonianus Gallus
253	Aemilianus
253–260	Valerianus und Gallienus

259/260 Der obergermanisch-rätische Limes wird von den Alamannen überrannt.

Glossar

aedicula	Tempelchen, Kapelle.
ala	„Flügel“. Ursprünglich Teil (Flügel) des römischen Heeres, der aus den berittenen Truppen der Verbündeten gebildet wurde.
ala quingenaria	Kavallerie-Einheit von 500 Mann im römischen Heer.
ala milliaria	Kavallerie-Einheit von 700–1000 Mann im römischen Heer.
Alamannen	„Alle Männer“. Aus verschiedenen an der mittleren und unteren Elbe ansässigen Stammesverbänden gebildeter Volksstamm, der vom 3.–8. Jh. auch im südwestdeutschen Raum siedelte.
Annexkastell	An ein größeres Kastell angebautes, kleineres Lager.
Antentempel	Kleiner Tempel mit einer Vorhalle.
apodyterium	Auskleideraum.
Apsis	Halbrunder, überwölbter Raum, Plur. Apsiden.
attisch	Aus dem griechischen Attika stammend.
auxilia	Hilfstruppen, aus Soldaten gebildet, die nicht das römische Bürgerrecht besaßen.
Auxiliarkastell	Lager für die Verbände der Hilfstruppen.
Basilika	Langgestreckte überdachte Halle, oft mehrschiffig und an ihrer Schmalseite mit einer → Apsis versehen, in römischer Zeit als Gerichts- und Markthalle dienend.
Benefiziarier	Soldat aus dem Unteroffizierkorps, der vom Wach- oder Schanzdienst freigestellt war. Benefiziarier wurden vor allem im Post- und Meldewesen, aber auch zur Kontrolle der römischen Straßen eingesetzt. Nach dem Ende ihrer Dienstzeit in den Straßenstationen ließen die B. oft Weihesteine und Altäre in eigens dafür angelegten Bezirken aufstellen.
burgus	Von einer Außenmauer umgebener militärischer Befestigungsbau aus spätrömischer Zeit, mit einem großen Turm in der Mitte.
^{14}C-Methode	→ Radio-Karbon-Methode.
caldarium	Warm- oder Heißbad.
cella	Innerer Bereich eines Tempels, in dem das Götterbild stand.
civitas	Nach Abzug der römischen Garnisonen gebildeter ziviler Bezirk mit Verwaltung nach römischem Vorbild. Die in der *civitas* lebenden Volksgruppen konnten ihren Stammesnamen beibehalten *(Civitas Ulpia Sueborum Nicrensium* in Ladenburg).
Civitas-Hauptort	Sitz der Verwaltungsbehörde einer → *civitas*.
cohors	→ Kohorte.
Dendrochronologie	Jahrringchronologie. Naturwissenschaftliche Methode zur Altersbestimmung von Hölzern, ermittelt aus den Wachstumsringen der Bäume deren Alter und die Klimabedingungen der Umgebung.

Diana Abnoba	„Abnoba“, keltisches Wort für den Schwarzwald und die keltische Göttin des Schwarzwaldes. Der Doppelname bezeichnet die Gleichsetzung mit der römischen Jagdgöttin.
Eroten	Geflügelte Knaben, in der Kunst oft als Begleiter der Venus auftauchend.
Fahnenheiligtum	Besonderer Raum in der Mitte der rückwärtigen Raumflucht der → Stabsgebäude zur Aufbewahrung der → Feldzeichen.
Feldwache	Kleine, im Grundriss quadratische Militäranlage am Limes, größer als ein Wachturm, deren Besatzung oft mit besonderen Aufgaben betraut war.
Feldzeichen	Römische Standarten und Fahnen für jede Einheit. Das wichtigste Feldzeichen einer → Legion und nur dieser vorbehalten war der Legionsadler. In kriegerischen Auseinandersetzungen wurden die Feldzeichen mitgeführt, in Friedenszeiten im → Fahnenheiligtum der → Stabsgebäude aufbewahrt.
Flavier	Angehörige des flavischen Kaiserhauses (69–96 n. Chr.): Vespasian, Titus und Domitian.
frigidarium	Kaltbad.
Germania libera	Freies Germanien, nicht von den Römern okkupierte Gebiete westlich der Elbe und nördlich der Donau.
Fugenstrich	Rote Farbstriche, die auf verputzten Wänden regelmäßiges Mauerwerk darstellen sollten.
Gagat	Schwarz glänzende, sehr gut zu bearbeitende Braunkohle zur Herstellung von Geräten und Schmuck.
Grubenhaus	Hütte oder Haus, dessen unterer Bereich in den Boden eingetieft ist.
Hallstattzeit	Nach einem Gräberfeld bei Hallstatt (Österreich) benannter Abschnitt der älteren vorrömischen Eisenzeit (8.–5. Jh. v. Chr.).
horreum	Großer Speicherbau zur Lagerung landwirtschaftlicher Erzeugnisse.
Hypokaustum	Unterboden- oder Fußbodenheizung.
Hypokaustpfeiler	Aus Ziegeln oder Steinen aufgemauerte Pfeiler auf einem unteren Boden. Darüber große Stein- oder Ziegelplatten als Untergrund für den eigentlichen Fußboden.
Jaspis	Mineralischer Halbedelstein.
Kohorte	Mindestens 500 Mann starke Infanterie-Einheit des römischen Heeres, Unterabteilung einer → Legion. Teile der Kohorte konnten auch aus berittenen Soldaten bestehen *(cohors equitata)*. Auch größte stehende Einheit einer Auxiliar-Fußtruppe.
labrum	Großes Wasserbecken, das in großen römischen Bädern meist im → *caldarium* stand.
Lagerhauptstraße	Von der → *porta principalis dextra* zur → *porta principalis sinistra* an den Stabsgebäuden vorbeiführende Straße.
Latènezeit	Nach dem Fundplatz La Tène am Neuenburger See (Schweiz) benannter Zeitabschnitt der jüngeren vorrömischen Eisenzeit (5.–1. Jh. v. Chr.).
latera praetorii	Mittlerer und wichtigster Teil eines römischen Kastells.
legio	→ Legion.

Legion	Haupttruppe des römischen Heeres mit 5000–6000 Mann. In einer Legion durften ausschließlich römische Bürger als Berufssoldaten Dienst tun.
Lehmziegel	Aus Lehm und gehäckseltem Stroh geformter ungebrannter und luftgetrockneter Ziegel.
Leugenstein	Römischer Meilenstein, der die Entfernung zwischen bestimmten Orten im keltischen Maß der Leugen angibt (1 leuga = 2,22 km).
limes	Grenze, Grenzweg. Bezeichnung für alle Befestigungen der Provinzen des Römischen Reiches.
Megalith	Großer Stein.
Megalithgrab	Aus großen Steinblöcken errichtetes Grab mit einer Stirnplatte. Bis auf diese oft mit Erde überschüttet.
Menhir	Hünenstein. Riesige Findlinge oder Felsblöcke, gehören oft zu Kult- oder Grabanlagen.
Mikrolithen	Kleine sorgfältig geschlagene Feuersteinklingen, die nochmals exakt in kleinste Dreiecke und Spitzen gebrochen und an hölzernen Schäften in verschiedener, funktionsabhängiger Anordnung angebracht wurden.
Mithras	Altpersischer Licht- und Sonnengott.
Mithräum	Unterirdischer oder in Felsengrotten angelegter Kultraum zur Verehrung des → Mithras. Die in den Kulträumen aufgestellten Mithrasdarstellungen folgen einem astronomischen Code, der nur für Eingeweihte zu entschlüsseln war.
Monolith	Säule oder Denkmal aus einem einzigen Steinblock.
municipium	Stadt im römischen Imperium, dem Vorbild der Stadt Rom entsprechend verwaltet.
numerus	Bezeichnung für einen kleinen, gemischten Truppenverband, oft mit dem Namen der Nation versehen, der die Soldaten entstammten. *Numeri* waren meist als Beobachter- und Aufklärungseinheiten am Limes eingeteilt (etwa 150 Mann).
Obsidian	Kieselsäurehaltiges, glasartiges Gestein.
oppidum	Plur. *oppida*. Von Caesar beschriebene stadtähnliche, befestigte Siedlungen vor allem der gallischen Kelten. Seit der Mitte des 2. Jh. v. Chr. auch bei uns nachgewiesen.
Peutinger Tafel	Mittelalterliche Abschrift einer römischen Straßenkarte des 4. Jh. n. Chr., die zeitweise dem Augsburger Kaufmann und Humanisten Konrad Peutinger (1465–1547) gehörte.
Pfostenschlitzmauer	Vor allem in den spätkeltischen → *oppida* entdeckte Mauerkonstruktionen mit hölzernem Balkendurchschuss.
porta decumana	Rückwärtiges Lagertor.
porta praetoria	Ausfalltor im vorderen Teil (→ *praetentura*) eines römischen Kastells.
porta principalis dextra	Rechtes Lagertor.
porta principalis sinistra	Linkes Lagertor.
praefectus	Kommandeur verschiedener Truppenteile (z. B. *praefectus alae* – Kommandeur einer *ala*).

praefurnium	Heizraum.
praetentura	Vorderer Lagerteil im römischen Kastell.
praetorium	Wohnhaus und Amtssitz des Truppenkommandanten.
principia	→ Stabsgebäude (Sing. *principium*).
Radio-Karbon-Methode	Ermittelt anhand der Zerfallszeit des radioaktiven Kohlenstoffs (Atomgewicht 14) das Alter organischer Reste.
retentura	Rückwärtiger Teil eines römischen Kastells.
Rippenziste	Zylindrisch geformter Bronzeeimer mit Rippenstruktur.
sacellum	→ Fahnenheiligtum.
Sax	Einschneidiges Kurzschwert.
Silex	Feuerstein. Dazu gehören auch Gesteinsarten wie Hornstein oder Radiolarit.
Spatha	Zweischneidiges Langschwert.
Stabsgebäude	Zentraler Gebäudekomplex in jedem römischen Kastell mit großer, über der → Lagerhauptsraße errichteter Vorhalle und dreiflügeliger, einen Innenhof umschließender Anlage. In der Mitte des rückwärtigen Gebäudeflügels das → Fahnenheiligtum. Die Stabsgebäude waren die Befehlszentrale des Lagers.
Stele	Grabmonument, oft mit bildlichen Darstellungen oder Inschriften. In vorgeschichtlicher Zeit auch einfach große → Monolithe oder als stilisierte Menschendarstellungen behauene Steine.
sudatorium	Schwitzbad.
Tabula Peutingeriana	→ Peutinger Tafel.
tepidarium	Laubad.
tubulus	Plur. *tubuli*. Hohle Wandziegel, durch die die warme Luft vom → Hypokaustum nach oben strömen konnte.
Urnenfelderzeit	Nach der Bestattungssitte (Feuerbestattungen in Urnen auf großen Gräberfeldern) benannter Zeitabschnitt der jüngeren Bronzezeit (13.-8. Jh. v. Chr.).
via decumana	Rückwärtige Lagerstraße im römischen Kastell.
via praetoria	Ausfallstraße im vorderen Teil (→ *praetentura*) eines römischen Kastells.
via principalis	→ Lagerhauptsraße im römischen Kastell.
via sagularis	Innere Ringstraße in einem römischen Kastell.
Viereckschanzen	Von P. Reinecke geprägter Begriff für nahezu quadratische, von einem Graben umzogene Wallanlagen aus spätkeltischer Zeit (2.-1. Jh. v. Chr.). Die Frage ihrer Funktion (Heiligtum oder umfriedeter Gutshof) beschäftigt die Forschung noch heute. Charakteristisch sind die überhöhten Ecken und der gleichfalls gegenüber dem Außengelände erhöhte Innenraum.
villa rustica	Römischer Gutshof.

Vereinfachte Zeittafel

Erdgeschichtliches Zeitalter	Zeit	Epoche	Kulturen und Menschen	Kulturen im Vergleich
Altsteinzeit / Paläolithikum				
Mindel-Riss-Zwischeneiszeit Mittelpleistozän	vor Chr. 300 000	Altpaläolithikum	Homo erectus Einfache Geröllgeräte	Faustkeilkulturen in Westeuropa und Afrika
Riss-Würm-Zwischeneiszeit Jungpleistozän	125 000	Mittelpaläolithikum	Neandertaler (Homo sapiens neandertalensis)	Neandertaler in Europa und Nordafrika Erste Bestattungen
Früh-Würm-Eiszeit Jungpleistozän	80 000	Mittelpaläolithikum	Artefakte und Reste der Jagdbeute des Neandertalers in den Höhlen der Schwäbischen Alb	
Mittel-Würm-Eiszeit Jungpleistozän	30 000	Älteres Jungpaläolithikum Aurignacien Gravettien	Homo sapiens sapiens Spezialisierte Werkzeuge aus Feuerstein, Knochen, Geweih und Mammutelfenbein Erste Kleinplastiken im Aurignacien	Gleichartige Geräte in Europa
Ende der Würm-Eiszeit Übergang Pleistozän/Holozän	15 000	Magdalénien	Jagd in der Steppe mit Speerschleudern und Harpunen Kleine Kunstwerke aus Gagat Knochen mit Ritzzeichnungen	In Frankreich und Spanien erste Höhlenmalereien
Mittelsteinzeit / Mesolithikum				
Holozän	10 000	Mesolithikum	Jäger, Sammler und Fischer der Nacheiszeit Mikrolithkultur Kopfbestattungen	Im Vorderen Orient älteste Stadtkulturen

Erdgeschichtliches Zeitalter	Zeit	Epoche	Kulturen und Menschen	Kulturen im Vergleich
Jungsteinzeit / Neolithikum				
Holozän	vor Chr. 5500	Altneolithikum	Erste Bauernkulturen (Bandkeramiker) Sesshaftwerdung Domestizierung von Tieren und Pflanzen Töpferei und Steinschliff Langhäuser Erdwerke Hockerbestattungen	Einfluss westeuropäischer Kulturen
Holozän	4900	Mittelneolithikum	Unterschiedlich geformte und verzierte Keramik Siedlungsweise fast unverändert Tote werden in gestreckter Lage beigesetzt	
Holozän	4300	Jungneolithikum	Stark ausgeprägte regionale Kulturen Erste Siedlungen an Seeufern und in Mooren Gegen Ende große Erdwerke Abbau von Feuerstein in Bergwerken Erster Gebrauch von Kupfer	
Holozän	3400	Endneolithikum	Dörfer mit Pfosten- und Blockbauten; Palisaden Erstes Auftauchen von Rädern und Wagen Flachgräber, vereinzelt Grabhügel und Großsteingräber	Sumerische Stadtkulturen Keilschrift Bau der Pyramiden der 1. Dynastie in Ägypten

Erdgeschichtliches Zeitalter	Zeit	Epoche	Kulturen und Menschen	Kulturen im Vergleich
Bronzezeit				
Holozän	vor Chr. 2300	Frühe Bronzezeit	Flache Gräber mit Hockerbestattungen Moor- und Seeufersiedlungen Metallhandel Depotfunde	Palastkultur auf Kreta Ältestes Gesetzbuch in Babylon
Holozän	1500	Mittlere Bronzezeit	Hügelgräber mit reichen Bronzebeigaben Hoch entwickelte Bronzemetallurgie	Tut-ench-Amun Echnaton
Holozän	1300	Späte Bronzezeit	Zeit des Übergangs Wandel von Körper- zu Brandbestattungen	Mykenische Kultur in Griechenland auf dem Höhepunkt Um 1200 Moses
Holozän	1200	Urnenfelderkultur	Brandbestattung in Urnen Befestigte Höhensiedlungen Moor- und Uferrandsiedlungen Gelegentlich Eisenverarbeitung	Das Troia Homers 1100 Dorische Wanderung 1000 König David

Erdgeschichtliches Zeitalter	Zeit	Epoche	Kulturen und Menschen	Kulturen im Vergleich
Vorrömische Eisenzeit / Hallstatt- und Latènezeit				
Holozän	vor Chr. 750	Frühe Hallstattzeit	Brandbestattungen unter Hügeln Bunte, reich verzierte Keramik Schwerter aus Eisen	Geometrischer Stil in Griechenland 753 Gründung Roms
Holozän	600	Späte Hallstattzeit	Körperbestattungen unter Grabhügeln Herausbildung einer sozial gegliederten Gesellschaft (Fürstenschicht) Intensive Kontakte zum Mittelmeerraum Wagengräber, Goldbeigaben	Gründung der griechischen Kolonie Massilia (Marseille)
Holozän	450	Frühlatènezeit	Neben später Hallstattkultur Entwicklung eines neuen Kunststils Scheibengedrehte Keramik Friedhöfe mit Flachgräbern	386 Zerstörung Roms durch die Kelten 356–323 Alexander d. Gr.
Holozän		Mittellatènezeit	Erste Münzprägungen Brandbestattungen	
Holozän	120	Spätlatènezeit	Stadtähnliche Siedlungen (oppida) Viereckschanzen Kontakte zum Süden Römische Eroberung der Alpenländer	113–101 Kimbern und Teutonen 58–51 Caesar in Gallien

Erdgeschichtliches Zeitalter	Zeit	Epoche	Kulturen und Menschen	Kulturen im Vergleich
Römerzeit				
Holozän	nach Chr.	Römische Kaiserzeit	Erste Kastelle auf der Alb	43 Erste Eroberungszüge in Britannien
	40		Einrichtung der Provinzen Germania superior (Obergermanien) und Raetia (Rätien)	68–70 Bataveraufstand
	80		Um 150 Bau des obergermanisch-rätischen Limes	83–85 Chattenkrieg
	150		233 erste Alamanneneinfälle	166–180 Markomannenkriege
			259/260 Alamannen überwinden Limes, Zerstörungen im Hinterland	
	260		Limes wird endgültig aufgegeben	
Völkerwanderungszeit				
Holozän	400	Alamannische Landnahme	Älteste Dörfer	451 Schlacht gegen Hunnen auf den Katalaunischen Feldern
			Beginn der Reihengräberfriedhöfe	
			Nach dem Sieg Chlodwigs wird die nördliche Alamannia fränkisch	476 Untergang des Weströmischen Reiches
Mittelalter				
Holozän	500	Frühes Mittelalter	Gesamtes alamannisches Gebiet unter Herrschaft der Franken	482–751/52 Herrschaft der Merowinger
			Gründung des Bistums Konstanz	751/52–919 Karolinger
			Christianisierung der Alamannen	
			746 „Blutgericht" von Cannstatt	800 Kaiserkrönung Karls des Großen
	800		Alamannische Herzöge endgültig abgesetzt	

Literaturhinweise (mit weiterführender Literatur)

H. Schlichtherle (Hrsg.)	Pfahlbauten rund um die Alpen. Archäologie in Deutschland Sonderheft (Stuttgart 1997)
K. Bittel/W. Kimmig/ S. Schiek (Hrsg.)	Die Kelten in Baden-Württemberg (Stuttgart 1981)
A. Haffner (Hrsg.)	Heiligtümer und Opferkulte der Kelten. Archäologie in Deutschland Sonderheft (Stuttgart 1995)
G. Wieland (Hrsg.)	Keltische Viereckschanzen. Einem Rätsel auf der Spur (Stuttgart 1999)
Ph. Filtzinger/D. Planck/ B. Cämmerer (Hrsg.)	Die Römer in Baden-Württemberg (Stuttgart 1986; überarbeitete Neuauflage in Vorbereitung)
B. Rabold/E. Schallmayer/ A. Thiel	Der Limes. Die Deutsche Limes-Straße vom Rhein bis zur Donau (Stuttgart 2000)
H. Schmidt	Archäologische Denkmäler in Deutschland. Rekonstruiert und wieder aufgebaut. Archäologie in Deutschland Sonderheft (Stuttgart 2000)

Außerdem seien empfohlen:

Archäologische Ausgrabungen in Baden-Württemberg.
Jährlich erscheinende Publikation mit aktuellen Berichten aus der Landesarchäologie.

Führer zu archäologischen Denkmälern in Baden-Württemberg, Bd. 1-21
(Stuttgart 1968-2000). Die Reihe wird fortgesetzt.

Bildnachweis

Adler, Blaustein: 49

Archäologisches Landesmuseum Konstanz, P. Rau: 119

O. Braasch, Landshut: 6/7, 14, 34, 41, 56, 59, 89, 98, 121, 124, 127, 129, 136, 153, 166

Bürgermeisteramt Heitersheim: 95, 96

U. Edelmann, Frankfurt/Main: 144

J. Feist, Pliezhausen: 52, 130 o.

Freilichtmuseum Keltischer Fürstensitz Heuneburg, S. Hopert: 102, 106

R. Hajdu: 68, 118 u., 146, 148, 152, 170

A. Hanke, Stuttgart: 76, 77, 79, 84, 85, 103, 105, 109, 110, 115, 116, 133 o., 149, 150, 173, 174

S. Höfler, Tübingen: 13

Limesmuseum Aalen, U. Sauerborn: 15, 18, 20

MM Vision, München: 36 o., 118 o., 139

Pfahlbaumuseum Unteruhldingen: 163

H. Pfletschinger: 60

Römisches Freilichtmuseum Hechingen-Stein: 87

U. Sauerborn: 21, 141, 142

H. Schmidt, Karlsruhe: 67, 88, 100, 117, 164 u., 165

F. Schultz-Friese, Überlingen: 38

Stadtarchiv Rottweil: 151

Th. Stephan: 32

A. Thiel, Stuttgart: 25, 128

Tilgner, Konstanz: 26

Württembergisches Landesmuseum, E. Keefer: 36 u., 37, 39

Württembergisches Landesmuseum: 34 o.

Alle übrigen Abbildungen: Landesdenkmalamt Baden-Württemberg.

Der Verlag und die Autorin danken allen Leihgebern für ihre Bereitschaft, Bildmaterial für diese Publikation zur Verfügung zu stellen.

Leider war es nicht in allen Fällen möglich, die Inhaber der Urheberrechte zu ermitteln. Etwaige Ansprüche kann der Verlag bei Nachweis entgelten.